Sura Hart & Victoria Kindle Hodson

Empathie im Klassenzimmer

Ein Lehren und Lernen, das zwischenmenschliche Beziehungen in den Mittelpunkt stellt

Gewaltfreie Kommunikation im Unterricht

Aus dem Amerikanischen von Dr. Michael Dillo

Junfermann Verlag • Paderborn
2010

Fachliche Begleitung und Überarbeitung der Übersetzung: Ingrid Holler, München

Bibliographische Information der Deutschen Bibliothek
Die Deutsche Bibliothek verzeichnet diese Publikation in der Deutschen Nationalbibliographie; detail-
lierte bibliographische Daten sind im Internet über http://dnb.ddb.de abrufbar.

Anmerkungen zur Übersetzung
- Im Amerikanischen bzw. Englischen wird oftmals nicht zwischen einer weiblichen und männlichen
  Form unterschieden. In der nachfolgenden Übersetzung wird die weibliche und die männliche Form
  in „zufälliger" Abfolge verwendet, da eine Schreibweise wie z.B. LeiterIn o.ä. die Lesbarkeit des Textes
  beeinträchtigen würde.
- Statistische Angaben im Text beziehen sich auf die USA.

ISBN 978-3-87387-580-7

Inhalt

„Empathie ist weder ein statischer Zustand noch ein Ziel, das wir erreichen können. Empathie ist auch kein Fach, das unterrichtet werden kann. Sich empathisch verbinden, ist eine Art in Beziehung zu sein – eine Art des Handelns und des gegenseitigen Austauschens. Gleichzeitig können uns bestimmte Übungen helfen, diese Art des Seins zu fördern. Nach unserer Erfahrung ist Gewaltfreie Kommunikation die praktischste und die leistungsfähigste von diesen Übungsformen." – *Sura Hart* & *Viktoria Kindle Hodson*

Dank

Wir möchten den folgenden Personen, die zum Gelingen dieses Buches beigetragen haben, unsere Anerkennung ausdrücken, die von tiefer Dankbarkeit getragen wird: Unseren Schülern und Schülerinnen und unseren Lehrerkollegen und -kolleginnen. Unser Verständnis und unsere Würdigung der Kraft, die aus einem Lernen und Lehren entsteht, das zwischenmenschliche Beziehungen in den Mittelpunkt stellt, basiert auf ihrem Geschenk der Ehrlichkeit, des Vertrauens und der Freundlichkeit.

Marshall Rosenberg dafür, dass er den Prozess der Gewaltfreien Kommunikation geschaffen und mit uns geteilt hat. Die Gewaltfreie Kommunikation ist von zentraler Bedeutung für unser Buch „Empathie im Klassenzimmer". Außerdem danken wir Marshall Rosenberg, dass er uns dazu inspiriert hat, zur wachsenden Zahl von Veröffentlichungen zur Gewaltfreien Kommunikation beizutragen.

Gary Baran, dem geschäftsführenden Direktor und Vorstandsvorsitzenden des Center for Nonviolent Communication (CNVC) für seine Vision, sein Engagement und seine Unterstützung.

Der „New Earth"-Stiftung, der „Threshold"-Stiftung und vielen einzelnen Spendern, die an das Projekt geglaubt haben und sehr grundlegende finanzielle Unterstützung dafür geleistet haben.

Unseren Lektoren und Beratern, Gary Baran, John Dobrzanski, Kyra Freestar, Rita Herzog, Stanley Hodson und Rob Koegel, die viele Stunden damit verbracht haben verschiedene Fassungen des Manuskripts durchzulesen und die uns wunderbare Vorschläge für Verbesserungen gemacht haben – einhergehend mit unerschütterlicher Ermutigung und Unterstützung.

Marty und Lisa Mellein, die künstlerische Visionen, Talent und ein großes Maß an Flexibilität in der Zusammenarbeit mit uns beigesteuert haben.

Dem Leitungskomitee des CNVC-Erziehungsprojektes: John Cunningham, Jillian Froebe, Sylvia Haskvitz, Liv Monroe und Jean Morrison für ihre Visionen, ihr Engagement, ihre große Liebe zur Sache und unglaublich viel Empathie während des Schreibens dieses Buches.

Den Teammitgliedern des CNVC-Erziehungsprojektes, die zuerst die Idee hatten, ein Buch für Lehrer zu verfassen und die dann Übungen und Ideen beigesteuert haben: Martine Algier, Diane Arrigoni, Katie Barak, Marcelline Brogli, Doug Dolstad, Marilyn Fiedler, Marianne Gothlin, Holley Humphrey, Mary Mackenzie, Marlene Marskornick, Natasha Rice, Allan Rohlfs, Robin Rose, Jean Ryan und Fred Slye.

Meiji Stewart, Neill Gibson und Shannon Bodie – dem Team von PuddleDancer Press, die uns Schritt für Schritt „durch dieses Buch" geführt und ihre Kenntnisse, Fähigkeiten und gute Laune großzügig geteilt haben.

Brief der Autorinnen an die Lehrer und Lehrerinnen

Liebe Lehrer und Lehrerinnen,

möchten Sie wissen, warum Ihre Schülerinnen Ihren besten Bemühungen zu unterrichten widerstehen, warum sie einander tyrannisieren und warum sie ihre Hausaufgaben nicht machen wollen?

Empathie im Klassenzimmer deckt auf, was wirklich hinter diesem Verhalten steckt und gibt Ihnen Werkzeuge und Fähigkeiten an die Hand, um das Lernen und die gegenseitige Verbindung in Ihren Klassen gedeihen zu lassen.

Wir schlagen vor, dass Sie dieses Buch als Anleitung nutzen, um:
→ einen genaueren Blick auf die vier Arten von Beziehungen in Ihrem Klassenraum zu werfen;
→ festzustellen, ob Ihr Klassenraum ein sicherer Ort ist;
→ zu erlernen, wie man Schülerinnen ohne Bestrafung oder Belohnung motiviert;
→ Auflehnung, tyrannisches Verhalten und Leistungsrückstände als Symptome einer tieferen Ursache zu erkennen;
→ eine Weise des Kommunizierens zu üben, die Furcht vergessen lässt und Vertrauen fördert;
→ den natürlichen Wunsch Ihrer Schüler zu lernen freizulegen.

Nutzen Sie die Übungen und Aktivitäten, um Ihren Schülerinnen dabei zu helfen:
→ zu lernen, wie man Konflikte löst;
→ zusammenzuarbeiten, um in Kontakt mit Bedürfnissen zu kommen und diese zu erfüllen;
→ Verantwortlichkeit für ihr Lernen zu übernehmen.

Wir hoffen, dass unser Buch „Empathie im Klassenzimmer" zu einer neuen Qualität in Ihrem Unterricht und im Lernprozess beiträgt.

Mit besten Wünschen,
Sura und Victoria

Einleitung

Dieses Buch haben wir in einem gemeinsamen Prozess geschrieben, der unsere Leben in vielerlei Hinsicht bereichert hat. Wir haben unsere zusammengenommen 45 Jahre Lehrerfahrung einfließen lassen um zu zeigen, wie menschliche Verbindung und Lernen im Klassenraum wachsen können. Wir haben die grundlegenden Voraussetzungen der Gewaltfreien Kommunikation (GFK) und die Formulierungen zur Anwendung des Prozesses so aufbereitet, dass Lehrerinnen ihn mit jungen Leuten ohne weiteres teilen können. Indem wir dieses Buch veröffentlichen, hoffen wir, Lehrern und Eltern einen Prozess vorstellen zu können, der die Intelligenz des Verstandes und die Intelligenz des Herzens kraftvoll miteinander verbindet. Unser größter Wunsch ist es, Lehrerinnen mit praktischen Werkzeugen zu versehen, um ihnen zu helfen, ein lebhafteres Lernen und mehr zwischenmenschliche Verbindung in ihre Klassenzimmer zu bringen.

Gewaltfreie Kommunikation (GFK) ist zweierlei: ein Bewusstsein über unsere empathische Natur und ein Prozess der Interaktion. In unseren Beschreibungen der GFK haben wir versucht, die Essenz dieses Prozesses und die Nuancen der Sprache möglichst klar auszudrücken, ohne formalistisch zu sein oder zu unterstellen, dass es eine „richtige" Art gibt, miteinander in Verbindung zu stehen. Infolgedessen hat sich unser Verständnis der GFK sehr vertieft. Die Herausforderung, einen kreativen Prozess der Interaktion voller Improvisation und mit offenem Ausgang zu beschreiben, hat sich als sehr erweiternd für unsere Phantasie und Fähigkeiten erwiesen. Wir sind Marshall Rosenberg zutiefst dankbar dafür, dass er die Gewaltfreie Kommunikation entwickelt hat. Damit hat er die Herzen von Menschen überall auf der ganzen Welt bewegt hin zu einer lebendigeren, mitfühlenderen Lebensweise.

Marshall Rosenberg entwickelte die Gewaltfreie Kommunikation, weil er mehr Empathie in menschlichen Beziehungen sehen wollte. In seinen ersten Trainings und in seiner Praxis als klinischer Psychologe wurden ihm die negativen Auswirkungen der diagnostischen Etikettierungen sehr hautnah bewusst, und er realisierte die Energie der Sprache, die das Denken und das Bewusstsein formt. Er studierte die wichtigsten spirituellen Traditionen, wobei er auf die Sprache achtete, die von Menschen gesprochen wird, deren Leben die Liebe und das Mitgefühl ausstrahlen, die im Zentrum dieser Lehren stehen. Aus seinen Studien schloss er, dass es einer Sprache bedarf, die ohne Beschuldigungen, Scham, Kritik und Forderungen auskommt, um eine friedliche Welt zu gestalten. Die auf gewohnheitsmäßigem Denken basierende und zur Gewalttätigkeit beitragende Sprache ersetzte er durch eine Sprache der Empathie. Er entwickelte eine Art des Sprachgebrauchs, die uns mit den zentralen Elementen der menschlichen Erfahrung verbindet – den Werten, Träumen, Wünschen und Bedürfnissen. Diese Klarheit hilft Menschen, ihre eigenen Bedürfnisse zu erfüllen und mit Freude zur Erfüllung der Bedürfnisse anderer Menschen beizutragen.

Marshall Rosenberg wandte die GFK zuerst in staatlich finanzierten Projekten in den USA an, um in Seminaren die Fähigkeiten zur Mediation und Kommunikation zu stärken, die im Rahmen der interkulturellen Integration in den Schulen gebraucht wurden. Seit damals hat er diesen kraftvollen, friedensbildenden Prozess weltweit verbreitet. Er hat Vermittlungen und Seminare in vom Krieg zerrissenen Ländern angeboten, wie Israel, den palästinensischen Hoheitsgebieten, Ruanda, Sri Lanka, Kroatien, Serbien, Kolumbien, Sierra Leone und Burundi. 1985 rief er das CNVC – Center for Nonviolent Communication ins Leben, eine internationale Organisation mit Trainern und Trainerinnen in der ganzen Welt, die in Schulen, in Gefängnissen, in der Gesundheitspflege und in Regierungseinrichtungen tätig sind.

1999 startete das CNVC ein Erziehungsprojekt, um Materialien für Schulen und Seminare für Erzieher zu entwickeln. Dieses Projekt ist großzügig durch Subventionen von der „New Earth"-Stiftung und der „Threshold"-Stiftung, sowie durch Spenden von vielen Einzelpersonen unterstützt worden. „Empathie im Klassenzimmer" ist ein Ergebnis des CNVC-Erziehungsprojektes.

Wir haben dieses Buch für Erzieher, besonders für Grundschullehrer geschrieben. Wir hoffen, dass die Einsichten, die Werkzeuge, die Aktivitäten und die Hilfsquellen Lehrer unterstützen werden, die gerne den Samen für tragfähige zwischenmenschliche Beziehungen in ihren Klassenzimmern aussäen möchten oder dies bereits tun. Wir haben Lehrern und Lehrerinnen über viele Jahre hinweg zugehört. Beim Schreiben dieses Buches jedoch stellten wir fest, dass wir nun noch viel genauer als zuvor hinhörten, was ihre Träume, ihre Interessen und ihre Frustrationen waren. Ihre Stimmen haben uns von Anfang bis Ende dieses Buches geleitet und wir beginnen dieses Buch mit einer Würdigung: den Lehrern und Lehrerinnen zuhören.

Teil I beschreibt, wie Beziehungen auf das Unterrichten und das Lernen einwirken und wir fokussieren auf die vier essenziellen Beziehungen im Klassenraum: die Beziehung der Lehrerinnen zu sich selbst, die Beziehung der Lehrerinnen zu den Schülerinnen, die Beziehungen der Schülerinnen zu anderen Schülerinnen und die Beziehungen der Schülerinnen zum Lernen. Wenn wir diese Beziehungen in den Mittelpunkt unseres Interesses stellen und einander mit Respekt begegnen, nähren wir den Samen des Mitgefühls.

Teil II bietet praktische Werkzeuge an, um Empathie im Klassenzimmer aufzubauen. Fünf Voraussetzungen helfen, ein Bewusstsein für unsere einfühlsame Natur zu entwickeln, die das Kernstück der Idee der Gewaltfreien Kommunikation bildet. Die verschiedenen Bestandteile des GFK-Prozesses bieten Leitlinien für das Erlernen der Sprache der Empathie an. Vier Dialoge vermitteln die Energie dieser Sprache, wie sie in Interaktionen im Klassenraum zu erleben ist. Eine Vielzahl von Aktivitäten und Spielen, die von den Lehrern geschaffen wurden, helfen bei der Entwicklung von Fähigkeiten und sind ein Angebot zum Üben. Eine Anleitung zur Stundenplanung macht Vorschläge, wie die Übungen und Aktivitäten in diesem Buch auf schnellem Weg in die Planung von Unterrichtsstunden einbezogen werden können.

Wir hoffen, dass die Leser von „Empathie im Klassenzimmer" inspiriert werden, die Gewaltfreie Kommunikation zu erlernen und zu üben und für sich selbst zu entdecken, welcher Gewinn daraus für ihr Leben und ihre Beziehungen entstehen kann.

Würdigung: Den Lehrern und Lehrerinnen zuhören

Wir haben mit vielen Lehrern und Lehrerinnen gesprochen, während wir an diesem Buch geschrieben haben. Ihre Sorgen und ihre Freude waren oft ähnlich. Sie waren begeistert, wenn sie von ihrem Wunsch sprachen, das Wachsen ihrer Schüler und Schülerinnen zu fördern. Sie drückten Frustration, Traurigkeit und ein Gefühl der Hilflosigkeit aus, wenn sie die restriktive Schulpolitik, Regeln, Drohungen und Belohnungen diskutierten, die sich in ihren Schulen durchsetzen. Sie haben oft betont, wie entmutigt sie sich fühlen, wenn den Bedürfnissen der Schülerinnen keine Beachtung geschenkt wird. Im Folgenden werden einige dieser Lehrer und Lehrerinnen zu Wort kommen und für sich selbst sprechen.

Ein Lehrer, der in einer großen Grundschule im US-Staat Washington arbeitet, nimmt Bezug auf Regeln, Konsequenzen und Bestrafung. Er beklagt sich: „Es ist so schmerzhaft für mich, Zeuge des bestehenden Systems mit seinen Regeln, Konsequenzen und Strafen zu sein. Die Kinder werden nicht ermutigt herauszufinden, welche Bedürfnisse sie zu erfüllen versuchen, wenn sie sich so verhalten, wie sie es tun. Sie haben keine Chance Alternativen zu ihrem Verhalten zu erproben, die Auswirkungen zu erkennen, die ihr Verhalten auf andere Menschen hat oder Wege zu erkunden, etwas wieder gut zu machen. Ich tue, was ich kann, aber das System erscheint so allmächtig und die Geschichte dieser Bestrafungspraktiken geht so weit zurück, dass ich nur Verzweiflung verspüre, wenn ich daran denke das System zu verändern. Es ist schmerzhaft, tagein tagaus Kinder zu beobachten, die solchen Praktiken ausgesetzt sind."

Eine Frau, die mehrere Stunden in der Woche Konfliktlösung in einer Grundschule unterrichtet: „Ich bin so entmutigt – nicht nur über das System, sondern auch über mich selbst. Ich habe ein großes Mitgefühl für die Kinder, aber gleichzeitig habe ich jede Menge Urteile über andere Lehrer und Eltern. Ich sehe ja, was sie tun. Ich höre, was sie sagen. Da könnte ich laut schreien. ‚Verdammt noch mal, seht ihr denn nicht, was ihr da tut?' Wir kennen hier solche Begriffe wie ‚Konsequenzen', dabei handelt es sich eigentlich um Bestrafungen. Viele, viele Male haben mir meine Kollegen und Eltern gesagt: ‚Sie sind fantastisch. Die Arbeit, die Sie machen, ist so wichtig.' Aber es scheint so zu sein, als würden sie in Wirklichkeit sagen: ‚Sie werden doch hoffentlich unsere Kinder für uns auf den richtigen Weg führen, nicht wahr?' Ich werde ihre Kinder nicht bestrafen. Ich möchte, dass sie verstehen, wie wenig Konsequenzen und Bestrafungen ausrichten können. Ich habe aber keine Ahnung, wie ich weitermachen soll."

Mit einem anderen Lehrer sprachen wir über die Kreativität und Innovationsfreude von Lehrern. Er war neugierig darauf, mit dem zu experimentieren, was er in seinem Klassenraum als „dem Leben dienliche Systeme" kennen gelernt hatte. „Ich habe noch niemals Gewalt gebraucht. Ich habe mich darauf konzentriert, dass sich die Schülerinnen auf ihren eigenen, selbst beschriebenen Wegen am Lernen beteiligen. Der traurige

Teil daran war, dass ich alle meine Ideen in einem Programm niederschrieb und es seitens der Schuladministration kein Interesse an solchen methodisch-didaktischen Innovationen gab. Selbst nachdem die Schüler gute Bewertungen über meine Bemühungen geschrieben hatten, wischte mein Vorgesetzter meine Vorschläge beiseite."

Eine Lehrerin schrieb uns und machte ihrer Traurigkeit über die Bedeutung von Prüfungen in ihrem Schulbezirk Luft: „Alles baut auf diesen Prüfungen auf. Ich bin darüber sehr frustriert, weil es verhindert, dass das einzelne Kind dahinter noch sichtbar bleibt. Ich mogle mich an dem bestehenden System vorbei, und ich fühle mich schuldig deswegen. Ich bin die Person, die Entscheidungen trifft, die ihr ganzes weiteres Leben beeinflussen können. Es läuft schließlich alles darauf hinaus, was für eine Zahl ich auf ein Stück Papier schreibe. Das ist wirklich sehr frustrierend für mich."

Die Schuldgefühle dieser Lehrerin hatten mit dem Umstand zu tun, dass sie sich „am System vorbeimogelte", indem sie gelegentlich Prüfungsresultate anhob, um für einzelne Schülerinnen wichtige Wege zu bahnen – Wege, die ihnen andernfalls verbaut wären, wenn ihre Noten zu schlecht ausfallen.

Ein anderer Lehrer drückt sein Anliegen in Bezug auf Noten folgendermaßen aus: „Ich empfinde eine Menge Frustration und Ärger über das staatlich verordnete Prüfungssystem, dieses Programm *Wir lassen kein Kind zurück* der US-Regierung, und den Direktor meiner Schule. Sie wollen einfach nur die normierten Tests sehen. Sie wollen nichts wissen von Einschätzungen auf der Grundlage von Projektaktivitäten der Kinder oder anhand von bestimmten Kriterien oder anderen Einschätzungen, die das **Wachsen** der Kinder dokumentieren. ‚Wozu das?', argumentieren sie: ‚Das ist belanglos. Was bringt Schüler wohl dazu, eine herausragende Note zu erzielen? Was war sein Notendurchschnitt? Welchen Platz hat er in der Rangliste belegt?' Das ist es, worauf sie achten. Sie nehmen sich ein Kind, werfen das Kind fort und schauen auf die Zahlen. Kinder begreifen, was da geschieht, und das frustriert mich. Mein Mitgefühl gilt den Kindern und ihren Bedürfnissen."

Ein Lehrer, der jede Woche mit 500-600 Schülern und Schülerinnen arbeitet, sagte: „Meiner Ansicht nach ist das ein Missbrauch menschlicher Wesen, wenn ein einzelner Lehrer so viele Kinder unterrichten muss. Ich habe mir dieses Jahr eine Auszeit gegönnt, weil ich die Arbeitsbelastung einfach nicht mehr tragen konnte. Ich möchte aufschreien: ‚Es muss doch ein Gleichgewicht geben. Ja, ein Lehrer ist ein Kämpfer, gleichzeitig hat er aber auch ein zartes, wertvolles Leben und braucht einen Ausgleich, um sein Leben gestalten zu können.' Ich glaube nicht, dass die Menschen die stille Form der Gewalt realisieren, die sich in unseren Klassenzimmern abspielt."

Ein anderer Lehrer mit einer extrem großen Unterrichtsbelastung äußerte: „Ich schätze es sehr, im Unterricht meine Leidenschaft als Beruf ausüben zu können. Es ist eine Kunst. Ich mache eine Menge Selbstevaluation mit meinen Schülern und Schülerinnen. Ich vergebe keine Belohnungen. Ich lasse sie eine Menge selbst wählen. Trotz meiner Anstrengungen empfinde ich es so, als würde ich mehr und mehr in ein Herrschaftssystem hineingezogen. Ich fühle mich, als sei ich da draußen ganz allein auf mich gestellt in diesem übermächtigen System. Ich sehe diese Kinder, die die Schule total ablehnen. Es ist ein unbeschreiblicher Kampf, der mich völlig auszehrt."

Es ist klar, dass strukturelle Veränderungen, die über den Horizont des Klassenraums hinausreichen, notwendig sind. Dennoch liegt der Fokus dieses Buches darauf, was Lehrer in ihren Klassenzimmern tun können, und nicht darauf, wie es zum gegenwärtigen System gekommen ist oder wie wir es verändern könnten. Dennoch möchten wir gerne für einen Moment die Aufmerksamkeit darauf lenken, was wir als wichtige, das System betreffende Themen ansehen.

In unserem gegenwärtigen Schulsystem fällen Politiker und Administratoren viele wichtige Entscheidungen und bestimmen eine Schulpolitik, die Auswirkungen darauf hat, was in unseren Klassenräumen passiert. Die Entscheidungen, die oben getroffen und nach unten weitergegeben werden, werden dann den Lehrerinnen als Regeln, Grundsätze und Erwartungen präsentiert, die zu befolgen sind und als Forderungen, die eingehalten werden müssen. Wir sehen dies als einen wesentlichen Fehler des Systems an: So vieles, was Lehrer lehren und was Schüler lernen, wurde ihnen aufgezwungen. Wann immer Menschen aber gezwungen sind, irgendetwas zu tun, dann sehen sie für gewöhnlich nur zwei recht armselige Wahlmöglichkeiten: sich zu unterwerfen und sich gefügig zu verhalten, apathisch und/oder verbittert zu werden oder aber zu rebellieren. Zwang in jeglicher Form unterwandert die emotionale Sicherheit, die notwendig ist, damit Schülerinnen lernen und Lehrer unterrichten können.

Wir würden es gerne sehen, wenn Eltern, Administrationen, Lehrerinnen und Schüler eine Stimme im Entscheidungsfindungsprozess hätten und wenn sie einige grundlegende Fragen anbringen könnten: Was ist der Zweck unseres gegenwärtigen Schulsystems? Wer entscheidet darüber? Stimmen wir diesem Zweck zu? Welches sind die gültigen Grundsätze? Erfüllen diese Grundsätze die Anliegen der Schülerinnen und Lehrer? Wenn dem nicht so ist, welche Grundsätze könnten statt dessen diese Anliegen effizienter erfüllen? Wenn diese Themen von allen am System Schule Beteiligten aufgeworfen werden, dann *werden* wir Wege finden, das System zu verändern.

Selbstverständlich können nicht eine einzelne Lehrerin oder ein einzelner Lehrer das System auf eigene Faust verändern. Gleichzeitig aber hoffen wir in diesem Buch zeigen zu können, dass Lehrer zwangsläufig machtvolle Vertreter der Veränderung im System werden, wenn sie sich im Klassenraum um die Beziehungen der Menschen kümmern. Menschen, die sich ihrer Anliegen bewusst sind, werden wahrscheinlich nicht einfach dasitzen – apathisch, teilnahmslos, unterwürfig – während andere in ihrem Namen Entscheidungen treffen. Sehr viel eher werden sie die Herausforderung annehmen, die Ghandi so formuliert hat: „Sei der Wandel, den du in der Welt sehen möchtest."

Wenn wir unsere Beziehungen im Klassenraum pflegen, so zeigt sich ein weiterer Effekt: Es ist unausweichlich, dass Respekt, Kooperation und Lernen anwachsen. Das

kann ohne weiteres von Menschen in unserer nächsten Umgebung gesehen und gefühlt werden. Andere Lehrerinnen und Eltern beginnen sich zu wundern und zu fragen, was wir tun, um solch ein Wachstum in unseren Klassenzimmern zu erschaffen.
In diesem organischen Wechselspiel wächst der Kreis unseres Einflusses.

Wie schon gesagt, setzen sich Politiker* für mehr und mehr standardisierte Tests ein.
Gleichzeitig aber hören wir jeden Tag viele Lehrerinnen, Mitglieder der Schulverwal-
tungen, Berater, Eltern und Schülerinnen, die ihre Anspannung angesichts dieser
Praktiken ausdrücken. Wir fordern die Menschen auf, ihre Stimme zu erheben, ihre
Stimme der wachsenden, weltweiten Bewegung zu leihen, die dem Leben dienende
Handlungen in Schulen einführen möchte, die die Autonomie und das Erkennen des
Aufeinander-angewiesen-seins fördern, die einfühlsame Interaktionen inspirieren,
und die die natürliche Freude junger Menschen am Lernen am Leben erhalten möchten. Wir glauben, dass unsere jungen Menschen unter Einsatz solcher Fähigkeiten zu
Erwachsenen heranwachsen, die Organisationen und Regierungen aufbauen, die für
alle Formen des Lebens auf unserem Planeten Sorge tragen und diese am Leben erhalten werden.

---

* in den USA (A.d.Ü.)

Teil I

Die Dynamik zwischen Lehren, Lernen und menschlichen Beziehungen

Einleitung

In Teil I werden zwei Fragen aufgeworfen: Was brauchen Lehrerinnen und Schülerinnen, damit es ihnen in der Schule gut geht und sie sich in motiviertem Lernen und einfühlsamem Austausch engagieren können? Und wie können wir dazu beitragen, diese Anliegen zu erfüllen? Um mehr Bedürfnisse beider, der Lehrerinnen und der Schülerinnen zufrieden stellen zu können, laden wir Erzieherinnen dazu ein, das Thema Beziehung in den Mittelpunkt ihres Unterrichts zu rücken. Wir greifen auf neuere Forschungsergebnisse zurück, um unsere zentrale Behauptung zu stützen, dass engagiertes Lernen nur dann stattfindet, wenn die Anliegen der Lehrerinnen und der Schülerinnen nach körperlicher und emotionaler Sicherheit zufrieden gestellt werden. Nur wenn zuerst die Sicherheit gewährleistet ist, kann das Vertrauen aufgebaut werden, das jede Lernende braucht, um Risiken auf sich zu nehmen und verletzlich genug zu sein, um am Lernprozess teilnehmen zu können.

In diesem Teil werden außerdem vier grundlegende Formen der Beziehung im Schulalltag vorgestellt: die Beziehung einer Lehrerin zu sich selbst, die Beziehung einer Lehrerin zu ihren Schülerinnen, die Beziehungen der Schülerinnen untereinander und die Beziehung der Schülerinnen zu ihrem Lernprozess und dem Lehrplan. Wir zeigen Wege auf, wie diese Beziehungen unterstützt werden können, um die Sicherheit, den Lernerfolg und das Mitgefühl im Klassenraum anwachsen zu lassen.

1. Sicherheit und Vertrauen aufbauen

W as brauchen und wünschen Lehrer und Schüler? Schüler, mit denen wir gesprochen haben, erzählten uns häufig, dass ihre Lehrer ihnen nicht zuhörten und nur wollten, dass sie, die Schüler, ruhig sind und ihre Hausaufgaben termingerecht abgeben. Was die Schüler sich am meisten wünschen, sind Lehrer und andere Erwachsene, die ihnen zuhören, die ihre Ideen respektieren und die ihre Bedürfnisse ernst nehmen.

> Kinder lernen, wenn sie in Verbindung sind. Sie hören auf Menschen, die ihnen wichtig sind und für die sie wichtig sind.
> *Nel Noddings*

Lehrer hätten gerne, dass Schüler mehr Verantwortlichkeit für ihr Verhalten und ihr Lernen übernehmen. Sie möchten mehr Zeit haben, einzelnen Lernbedürfnissen Aufmerksamkeit schenken zu können, und sie würden gerne sehen, dass in ihren Klassenzimmern ein engagierteres Lernen stattfindet. Sie wünschen schulpolitische Richtlinien, die gegenüber den Schülern respektvoller sind und die respektvollere Interaktionen zwischen den Schülern ermutigen. Für sich selbst möchten sie respektvollere Interaktionen mit Vorgesetzten, Schulbehörden und anderen, die an der Schulpolitik beteiligt sind.

Um die Bedürfnisse der Schüler und Lehrer zu erfüllen, schlagen wir vor, die „Beziehungen" im Zentrum des Unterrichtsinteresses zu platzieren. In einem auf „Beziehungen basierenden" Unterricht sind Sicherheit, Vertrauen, die Bedürfnisse der Schüler, die Bedürfnisse der Lehrer und die Art und Weise miteinander zu kommunizieren genauso wichtig wie Geschichte, Sprachunterricht, Naturwissenschaften oder andere akademische Themen. Lehrer mögen denken, dass diese neuen Betrachtungen mehr Arbeit von ihnen erfordern. Dennoch hoffen wir zeigen zu können, dass die Zeit, die dafür gebracht wird, Sicherheit und Vertrauen aufzubauen, einzelne Bedürfnisse zu erfüllen und die Kommunikationsfähigkeiten zu verbessern, tatsächlich das erschafft, was sich Erzieher am meisten wünschen – eine empathische Lerngemeinschaft, in der engagiertes Lernen gedeiht.

Sicherheit hat Vorrang

Alfie Kohn unterstreicht in seinem Buch *Mit vereinten Kräften:* Wenn wir möchten, dass Lernen stattfindet, dann brauchen Schülerinnen die emotionale Sicherheit, die von „einer Umgebung ausgeht, die auf Unterstützung, Pflege, Wahrnehmung, gegenseitigem Aufeinandereingehen, Gefühlen der Zugehörigkeit, Schutz, Akzeptanz, Ermutigung und Verstehen aufbaut."[1] Mit anderen Worten: einen auf „Beziehungen gegründeten Unterricht", in dem die Anliegen der Schülerinnen und der Lehrerinnen respektiert werden. In solch einem Unterricht gibt es Sicherheit und Vertrauen. Und wo es Sicherheit und Vertrauen gibt, dort ist der Samen für lebendige zwischenmenschliche Kontakte und engagiertes Lernen gelegt.

Furcht, egal in welcher Form, verhindert, dass wir uns selbst und unsere Beziehungen zu allen Dingen verstehen.
J. Krishnamurti

Wenn Lehrerinnen bewusst sorgsame Beziehungen aufbauen und die Beziehungsfähigkeit unterrichten, errichten sie eine starke Grundlage der Sicherheit und des Vertrauens. Studien zeigen, dass durch erhöhte Sicherheit und vergrößertes Vertrauen mehr Mitarbeit, weniger Konflikt und weniger verbale Verunglimpfungen im Klassenraum stattfinden. Schülerinnen sind für die Bedürfnisse von anderen verständnisvoller und die Empathie zwischen Lehrerinnen und Schülerinnen sowie zwischen den Schülerinnen untereinander wächst an. Außerdem wird über verbesserte Resultate bei standardisierten Leistungstests und erhöhte Fähigkeiten berichtet, sich selbst Kenntnisse und Fertigkeiten zu erwerben.[2]

Resultate einer Studie, die während eines Jahres bei Kindern im Grundschulalter die Auswirkungen des GFK-Unterrichtens untersuchte, zeigten, dass sich die Beziehungen zwischen Schülerinnen und Lehrerinnen verbesserten, die Konflikte weniger wurden, sich das Vertrauen in die Kommunikationsfähigkeit erhöhte und im Allgemeinen ein Mehr an Harmonie und Mitarbeit in der Schulgemeinschaft erreicht wurde.[3]

Trotz der Beweise, die den Wert von sicheren, vertrauensvollen Beziehungen zeigen, wissen wir, dass sich viele Schülerinnen und Lehrerinnen nicht sicher in der Schule fühlen. Angefangen beim Druck und Stress in den Klassenzimmern bis zu den Konflikten auf Spielplätzen gibt es viel über das Schulleben zu sagen, das zu Angst und Furcht beiträgt. Körperliche Gewalttätigkeit auf dem Schulgelände ist das offensichtlichste Zeichen dafür, dass es einen Mangel an Sicherheit für die Schülerinnen gibt. Die hierdurch erzeugte Furcht hat tiefgreifende Auswirkungen für Schülerinnen und ihre Familien.

Viele Eltern, mit denen wir gesprochen haben, haben Angst, ihre Kinder zur Schule zu schicken und wählen daher, ihre Kinder zu Hause zu unterrichten. Eine psychologische Beraterin in einer Junior High School im südlichen Kalifornien erklärte uns, dass sie zum ersten Mal in den 25 Jahren ihrer Berufstätigkeit mit Schülern und Schülerinnen arbeitet, die so voller Angst in Bezug auf ihre körperliche Sicherheit in der Schule sind, dass sie es ablehnen, weiter dorthin zu kommen. Dieses Phänomen findet man in Schulen überall in den Vereinigten Staaten. Die Vereinigung für das nationale Unterrichtswesen berichtet, dass 160.000 Schüler und Schülerinnen nicht zur Schule gehen und der Schule fernbleiben, weil sie Angst vor Angriffen oder Einschüchterungen haben.

Während Auswüchse körperlicher Gewalttätigkeit für allgemeines Aufsehen sorgen und Interesse nach der Sicherheit unserer Kinder hervorrufen, gibt es täglich weniger drastisch wirkende Vorkommnisse an den Schulen, die Furcht bei Schülerinnen verursachen, indem ihre emotionale Sicherheit untergraben wird. Resultierend aus der verpflichtenden Natur von Lehrplänen, Methoden und einer Schulpolitik, die alle

Schüler und Schülerinnen über einen Leisten schlägt, stellen viele Schülerinnen der vierten, fünften und sechsten Klassen fest, dass die Schule nicht der Ort ist, an dem sie in der Lage sind, ihre Bedürfnisse nach Verstanden-werden, Aufeinander-eingehen und Lernen zu erfüllen. Aus ihrem Gefühl der Hoffnungslosigkeit und der Frustration heraus gehen sie auf andere los, indem sie diese beschimpfen, sie verbal niedermachen, ihnen höhnische Bemerkungen nachrufen oder durch anderes aggressives Verhalten auffallen. Diese Strategien sind allerdings contraproduktiv, wenn es darum geht, die zugrunde liegenden Bedürfnisse zu erfüllen. Dennoch ist das Tyrannisieren in der einen oder anderen Form in den meisten Schulen eine allgemein bekannte Erscheinung. Die Zentren zur Krankheitsüberwachung und -prävention berichten, dass ungefähr 75% der Schüler und Schülerinnen sagen, dass sie nach dem Unterricht eingeschüchtert wurden.

Diese Einschüchterungen verursachen ein Klima von Furcht und Angst, das die körperliche und emotionale Sicherheit aller Schülerinnen bedroht. Es ist sehr schwierig, sich auf das Lernen zu konzentrieren, wenn man versucht, sich von Auseinandersetzungen zu erholen, die sich kurz zuvor abgespielt haben oder wenn man die nächste Auseinandersetzung schon vor Augen hat.

Wie James Garbarino und Ellen deLara dargestellt haben „unterstützen und ermöglichen viele Schulen das feindliche und emotional gewalttätige Klima unbeabsichtigt"[4]. Oft fühlen sich die Lehrerinnen entmutigt durch die täglich wiederkehrenden Einschüchterungen, Höhnen, Necken, Tadeln und die Cliquenbildungen. Obwohl sie die Kosten für sich selbst und die Schüler erkennen, wissen sie nicht, was sie dagegen tun sollen. Und allzu häufig wissen sie nicht einmal, dass sie selbst dazu beitragen.

Marshall Rosenberg erzählt die Geschichte eines Besuchs bei einem Schuldirektor. Dieser betrachtete von seinem Bürofenster aus den Schulhof. Der Direktor sah, dass ein großer Junge einen kleineren Jungen schlug. Er rannte aus seinem Büro, versetzte dem größeren Jungen einen Schlag und hielt ihm einen Vortrag. Als er zurück in sein Büro kam, sagte der Schulleiter: „Ich habe dem Burschen gerade beigebracht, dass er keine Kinder zu schlagen hat, die kleiner als er sind." Marshall Rosenberg sagte: „Ich bin nicht so sicher, ob Sie genau das getan haben. Ich denke, dass Sie ihn gelehrt haben, es nicht mehr zu tun, solange Sie zuschauen." Der Direktor sah nicht, dass er genau das Verhalten vorlebte, das er eigentlich zu unterbinden versuchte.

Andere Wege, mit denen Lehrer häufig unwissentlich Furcht bei Schülern auslösen, stellen die folgenden Verhaltensweisen dar: „Etikettierungen" und Vergleiche verwenden, kritisieren, Forderungen stellen und Bestrafungen androhen. Diese sind zu Bestandteilen des täglichen Umgangs im Schulleben geworden und werden folglich als unvermeidlich hingenommen. Ohne sich dessen bewusst zu werden, liefern sie ein machtvolles Verhaltensmodell, das Schülerinnen in ihren Interaktionen nachahmen. Diese Praxis regt Furcht an und trägt zu übermäßigem Druck, zu ungenügender Leistung, zu einer Vielzahl von gewalttätigen Verhaltensweisen und zu einer hohen Rate von Schulabbrüchen in den letzten Jahren bei.[5]

Ob Schüler sich aggressiv gegenüber ihresgleichen verhalten oder ob Lehrerinnen gewohnheitsmäßig aggressive Praktiken anwenden, um die Schüler zu kontrollieren: die Auswirkungen sind dieselben. Furcht einflößendes Verhalten aller Art untergräbt Sicherheit und Vertrauen und hemmt folglich das Lernen.

Unsere erste Frage sollte sein: „Was brauchen Kinder?", unmittelbar gefolgt von der Frage: „Wie können wir diese Bedürfnisse erfüllen?" Wenn wir so beginnen, kommen wir viel weiter als mit der Frage: „Wie bringe ich Kinder dazu, zu tun was ich möchte?"
Alfie Kohn

Die Verbindung von Sicherheit und Lernen

Die neuere pädagogische Forschung und die Gehirnforschung stellen eine Verbindung her zwischen emotionaler Sicherheit und der Fähigkeit zu lernen. Diese Forschung hat gezeigt, dass das emotionale Zentrum unseres Gehirns so machtvoll ist, dass es bei negativen Gefühlen wie Feindseligkeit, Zorn, Furcht und Angst automatisch zu grundlegenden, überlebenswichtigen Gedanken „herunterschaltet". Das kann das Lernen sehr schwierig, wenn nicht unmöglich machen. Unter solchem Druck schaltet sich der Neo-Kortex, das Zentrum des vernünftigen Denkens, aus. In seinem Buch „Emotionale Intelligenz" spricht Daniel Goleman[6] von einer „emotionalen Entführung". Goleman zeigt, dass in Anwesenheit starker negativer Gefühle, als Vorbereitung für einen Kampf oder die Flucht, Stresshormone ausgeschüttet werden. Dieser Kampf- oder Fluchtreflex ist lange bekannt. Die Erkenntnis, welche Auswirkungen er auf die Fähigkeit eines Schülers hat, sich zu konzentrieren, sich zu erinnern und sich Informationen wachzurufen, ist jedoch verhältnismäßig neu.

Da viele Schüler zu Hause keine emotionale Sicherheit erleben, kommen sie bereits angespannt oder in einem „heruntergeschalteten" Zustand zur Schule. Wenn sie feindselige, entmutigende oder in anderer Weise negative Auseinandersetzungen mit Lehrern haben, verharren einige Schüler in einem fast konstanten Zustand von Kampf oder Flucht. Das Gehirn wird so gänzlich von den „Überlebens"-Bedürfnissen in Anspruch genommen, dass diese Schülerinnen buchstäblich für die komplizierten Tätigkeiten des Verstandes, die für das Lernen gebraucht werden, nicht mehr erreichbar sind. Tragischerweise sind ihre Neugier, ihr Staunen und ihr Respekt durch einen Zustand der erhöhten Wachsamkeit und durch ein Bedürfnis nach Schutz und Sicherheit usurpiert worden.

Joseph Chilton Pearce betont, dass der emotionale Zustand, in dem wir uns im Augenblick des Lernens befinden, zusätzlich als ein Teil des Lernens mit eingeprägt wird und das Abrufen des Gelernten zu einem späteren Zeitpunkt negativ beeinflussen kann.[7] Möglicherweise haben auch Sie schon festgestellt, dass einige Kinder ängstlich sind, wenn sie das Einmaleins lernen oder wenn sie gebeten werden, etwas zu schreiben. Diese Furcht kann das Gedächtnis blockieren, das am Vortag Gelernte abzurufen. Einige Schüler, denen wir begegnet sind, haben in ihren ersten Jahren in der Schule soviel Angst vor dem Schreiben entwickelt und sind so entmutigt, dass sie es für Monate oder manchmal Jahre ablehnen zu schreiben. Wir kennen auch viele Erwachsene, die immer noch intensive Gefühle erleben, wenn sie darum gebeten werden, etwas zu schreiben, mathematische Probleme zu lösen oder laut vorzulesen.

Doc Lew Childre sagt: „Furcht ist von Vorteil, wenn wir in einer realen Gefahr sind und schnell reagieren müssen; aber Furcht schränkt die Auffassungsgabe, die Kommunikationsfähigkeit und das Lernen ein, wenn wir nicht in Gefahr sind."[8] Im weiteren Verlauf dieses Buches untersuchen wir Alternativen zu furchteinflößenden Praktiken wie: Bestrafungen, Belohnungen, Drohungen, Bestechungen, moralische Urteile und Vergleiche, die die Norm in vielen Schulen und Familien sind. Dieses Buch führt auf Beziehungen gegründete Praktiken und Strukturen vor, die Schülern und Lehrern helfen, „Energie in Beziehungen" oder „Energie mit anderen"[9] zu erlernen.

Es gibt zwei grundlegende Wege, um Sicherheit und Vertrauen im Klassenraum aufzubauen:

1. Sich auf die Anliegen der Schüler und der Lehrer fokussieren

Beziehungen in einem Klassenraum sind im Wesentlichen die Wechselwirkung von Anliegen – Anliegen der Schüler und Bedürfnisse der Lehrer. Welche Bedürfnisse haben Schüler? Welche Bedürfnisse haben Lehrer? William Glasser zufolge sind die grundlegenden menschlichen Bedürfnisse Überleben, Energie, Zugehörigkeit, Freiheit und Spaß[10]. Nach Abraham Maslow sind es Überleben, Schutz/Sicherheit, Zugehörigkeit, Kompetenz/Lernen und Autonomie oder Selbst-Verwirklichung[11].

Die Gewaltfreie Kommunikation erweitert den Wortschatz der Bedürfnisse wesentlich.

Das Thema „Anliegen/Bedürfnisse" und der einzigartige Weg der GFK, sie mit Hilfe der Gefühle zugänglich zu machen, werden ausführlich in den Kapiteln 3 und 4 vorgestellt. Egal wie wir Bedürfnisse definieren: Der Wunsch, etwas zu lernen ist nicht das *einzig* wichtige, das Schüler in die Schule mitbringen. Sie bringen auch ihre Bedürfnisse nach Zugehörigkeit, Spaß, Freiheit, Kompetenz und nach Autonomie mit. Ein Lehrer, in dessen Unterricht Beziehungen im Mittelpunkt stehen, weiß das und behandelt all diese Bedürfnisse mit Priorität. In der Tat, wenn diese Bedürfnisse nicht wertgeschätzt und zu ihrer Zufriedenheit berücksichtigt werden, fühlen die Schüler sich nicht sicher genug, um sich ganz auf den Lernprozess einzulassen.

William Glasser stellt die provozierende Frage: „Was wäre, wenn wir den Fokus [in den Schulen] verändern würden? Weg vom Disziplinieren der Schüler hin zur Erfüllung von Bedürfnissen?" Er sagt außerdem, dass „Schüler, die scheinbar sehr weit in ihren schulischen Leistungen auseinander liegen, sich plötzlich sehr ähnlich werden, da sie alle dieselben Bedürfnisse haben".[12] Das Vertrauensniveau steigt deutlich, wenn Schüler feststellen, dass ein Lehrer in einem auf „Beziehungen gegründeten Klassenraum" ihre gemeinsamen Bedürfnisse unterstützt, anstatt sie nach ihren schulischen Leistungen einzuordnen.

Generell kann nur ein Kind, das sich sicher fühlt, gesund aufwachsen. Seine Bedürfnisse nach Sicherheit müssen zufrieden gestellt werden. Es kann nicht voran kommen, wenn unerfüllte Sicherheitsbedürfnisse immer unter der Oberfläche erhalten bleiben und immer nach Erfüllung verlangen werden.
Abraham Maslow

2. Eine Sprache des Gebens und des Nehmens erlernen und anwenden

Virginia Satir sagte einmal: „Ich sehe Kommunikation als einen sehr großen Regenschirm, der alles überspannt und beeinflusst, was zwischen Menschen vor sich geht."[13] Wenn das stimmt, warum kümmern wir uns dann so wenig um den Regenschirm? Wie wir unsere Bedürfnisse mitteilen und auf die Bedürfnisse von anderen hören, entscheidet über die Wahrscheinlichkeit, dass Bedürfnisse erfüllt werden. In einem auf „Beziehungen gegründeten Unterricht" versuchen Lehrer und Schüler sich die gewohnten Wege bewusst zu machen, wie wir Bedürfnisse ausdrücken. Gleichzeitig versuchen sie neue Wege des Ausdrucks zu üben, die die Wahrscheinlichkeit steigern, gehört zu werden. Sie üben auch die Kunst der Empathie, das heißt des Hörens der Gefühle und Bedürfnisse – der eigenen und der von anderen. Deshalb gibt es in einem auf „Beziehungen gegründeten Unterricht" Richtlinien dafür, wie wir uns miteinander verständigen wollen. Damit alle Stimmen gehört werden, egal wie laut oder leise sie sind, und damit es einen gegenseitigen Austausch ohne Schuldzuweisungen oder Kritik gibt, nehmen sich Lehrer und Schüler die Zeit, einen nicht in die Konfrontation führenden Weg des Sprachgebrauchs zu lernen und zu üben.

Menschen, die in einem auf „Beziehung begründeten Klassenraum" zusammenarbeiten, praktizieren Fähigkeiten aus der „Beziehungsintelligenz": Erkunden von Gefühlen von anderen anhand von mündlichen und nonverbalen Signalen; Erkennen von Anliegen – sowohl die eigenen als auch die von jemand anderem; Übersetzen von Urteilen in Aussagen über Gefühle und Bedürfnisse oder in Strategien, die Bedürfnisse erfüllen; Übernehmen der Verantwortung für die eigenen Gedanken, Gefühle und Tätigkeiten.

Ohne Zweifel ist ein Klima der emotionalen Sicherheit und des Vertrauens im Klassenraum die Grundlage dafür, dass Lernen stattfinden kann. Um solch ein Klima zu erschaffen, ist es äußerst wichtig, das Studium der Beziehungen ins Zentrum des Lehrplans zu den „Kernthemen" zu stellen.

Im Folgenden zeigen wir Ihnen, wie Sie Ihr Klassenzimmer zu einer auf „Beziehungen gegründeten" Lerngemeinschaft machen können, indem Sie Ihr Denken und Ihre Interaktionen mit sich selbst, mit Ihren Schülern und mit Ihrem Lehrplan inspirieren lassen.

2. Beziehungen im Unterricht

Es gibt mindestens vier Arten von Beziehungen im Unterricht:

1) die Beziehung der Lehrerin zu sich selbst;
2) die Beziehung des Lehrers zum Schüler;
3) die Beziehung von Schülerinnen zu anderen Schülerinnen und
4) die Beziehung der Schüler zu ihrem eigenen Lernprozess.

> Es ist ein seltsames Paradoxon, dass ich mich ändern kann, wenn ich mich so annehme wie ich bin.
> *Carl Rogers*

Wenn wir die Dynamiken dieser Beziehungen betrachten und uns bewusst machen, wie sie durch unsere Werte und Handlungen beeinflusst werden, vergrößern wir, Schritt für Schritt, die Möglichkeiten zur Einrichtung eines Klassenraums, der auf einfühlsamen Beziehungen basiert.

Eine Empfehlung dieses Kapitel zu lesen: Wenn Sie sich auf die Dynamiken der Beziehungen im Unterricht konzentrieren, wird das wahrscheinlich sehr aufwühlend sein. Es können Gefühle der Traurigkeit, Enttäuschung oder Entmutigung aufkommen, wenn Sie die Diskrepanz wahrnehmen zwischen Ihren Handlungen und dem, was Sie für sich selbst und für Ihre Schüler wünschen. Wenn Sie sich die Zeit nehmen und diese Diskrepanz einfach feststellen, *ohne dass Sie sich selbst oder andere verurteilen*, kann das Einsichten fördern und zu wirkungsvolleren Strategien führen, um das zu erreichen, was Sie sich wünschen.

Entlang dieses Weges werden Sie voraussichtlich auch feststellen, dass viele Beziehungen in Ihrem Klassenraum das Lernen und das Mitgefühl *bereits jetzt* unterstützen. Wir möchten Sie ermutigen, sich die Zeit zu nehmen und dies zu feiern, wann immer Sie es sehen. Erfolge anzuerkennen und zu feiern ist eine der kraftvollen, dem Leben dienenden Praktiken, die wir allen Lernenden empfehlen.

2.1 Die Beziehung der Lehrerin zu sich selbst

Wenn Sie die wichtige Beziehung zu sich selbst betrachten, laden wir Sie ein, sich Zeit zu nehmen und sich die folgenden Fragen zu stellen:

Was ist Ihre Absicht beim Unterrichten?

Welche Qualitäten bewerten Sie am höchsten bei sich selbst? Bei anderen?

Welche Qualitäten möchten Sie bei Ihren Schülerinnen kultivieren?

Welche Arten von Beziehungen wünschen Sie sich?

Was sind Ihre Interessen?

Was sind Ihre Talente?

Was sind Ihre wirkungsvollsten Wege zu lernen?

> Wahres Mitgefühl erfordert von uns, unsere eigene Menschlichkeit zu beachten, zu einer tiefen Akzeptanz unseres eigenen Lebens zu kommen, so wie es ist. Dafür müssen wir mit dem, was in uns selbst am menschlichsten ist, wirklich in Beziehung treten.
> *Rachel Naomi Remen*

Wie denken Sie über sich selbst?

Eine Tendenz, sich selbst zu kritisieren und sich zu verurteilen führt normalerweise zu einer kritischen Haltung gegenüber anderen Menschen. Wer Mitgefühl für sich selbst empfinden kann, hat wahrscheinlich bessere Chancen, auch anderen Menschen gegenüber Mitgefühl zu empfinden.

Wie denken Sie über Ihre Arbeit und Ihre Leistungen?

Nehmen Sie sich Zeit, um Ihre Leistungen anzuerkennen und Ihre Erfolge aufzuspüren. Nehmen Sie sich die Zeit, Fehler zu betrachten, so dass Sie aus ihnen lernen können: Erkennen Sie, welche Bedürfnisse Sie zu erfüllen versuchten und überlegen Sie sich, wie Sie diese beim nächsten Mal effektiver erfüllen können.

Was genießen Sie wirklich und wie häufig tun Sie es?

Tätigkeiten, die echte Freude auslösen, sind ein Jungbrunnen. Wenn Sie keinen Spaß in Ihrem Leben haben, könnte es schwierig sein, das wichtige Bedürfnis Ihrer Schülerinnen nach Freude in ihrem Leben zu unterstützen.

Bitten Sie andere um Unterstützung und erhalten Sie Hilfe?

Als Erzieherin bringen Sie einen großen Teil von sich selbst in Ihren Unterricht mit ein und zeigen sich damit Ihren Schülern. Denken Sie manchmal daran, dass Sie andere um Unterstützung bitten könnten, damit sie Ihnen zuhören und Ihnen Empathie geben für die unzähligen täglichen Herausforderungen und Frustrationen, denen Sie gegenüberstehen? Nehmen Sie sich auch die Zeit, Ihre Freuden und Erfolge mit anderen zu feiern?

2.2 Die Beziehungen der Lehrer zu den Schülern

Wenn wir wünschen, dass unsere Schüler für sich selbst denken, dass sie sich ehrlich und authentisch verhalten, dann müssen auch wir uns selbst reflektieren, uns ehrlich und authentisch zeigen. Wenn wir unseren Schülern zeigen wollen, dass uns ihre Gedanken und Gefühle wichtig sind, werden wir uns die Zeit nehmen, ihnen zuzuhören und uns mit ihren Ansichten auseinander zu setzen. Welcher Art des Lernens sollen nach Ihrem Wunsch die Schüler in Ihrer Klasse folgen? Gibt es eine Diskrepanz zwischen Ihrer Vision und Ihrer Praxis?

> Mit dem, was wir sind, bringen wir einem Kind weitaus mehr bei als mit dem, was wir sagen. Also müssen wir so sein, wie wir wünschen, dass unsere Kinder einmal werden sollen.
> *Joseph Chilton Pearce*

Indem wir uns bewusster werden, wie wir uns mit unseren Schülern austauschen, können wir erkennen, ob wir die Art von Beziehungen aufbauen, die Sicherheit geben, Vertrauen wachsen lassen und das Lernen anregen – oder ob wir das nicht tun. Bei jedem einzelnen Kontakt geben wir zu verstehen, wie wir unsere Schüler sehen und was wir ihnen zutrauen. Was also vermitteln Sie Ihren Schülern? Wie vermitteln Sie es angesichts des allgegenwärtigen Drucks, dass auch Ihre Schüler bei standardisierten Tests gut abschneiden sollen?

Was ist Ihre Absicht?

Möchten Sie sich mit Ihren Schülern verbinden oder möchten Sie, dass die Dinge so erledigt werden, wie es Ihren Vorstellungen entspricht? Parker Palmer, Autor des Buches *The Courage to Teach* berichtet, dass er landesweit[*] Schüler gebeten hat, einen guten Lehrer zu beschreiben. In diesem Punkt stimmten sie alle überein:

„Menschen, die eine bestimmte Art von verbindender Kapazität besitzen, die sich selbst mit ihren Schülerinnen verbinden können, die eine Verbindung der Schüler untereinander fördern und alle gemeinsam für das Thema interessieren, das bearbeitet wird ... Die Beziehungen, die von den guten Lehrern hergestellt werden, liegen nicht in ihren Methoden begründet, sondern in ihren Herzen ... der Platz, an dem Intellekt, Gefühl und Geist zusammenkommen."[14]

Marshall Rosenberg hat eine eigene Methode, um die Absicht einer Person zu überprüfen. Er fragt: „Spielen Sie ‚Freundlichkeit' oder spielen Sie das Spiel ‚Wer hat Recht'?"

Wie sehen Sie Ihre Schüler?

Wenn Ihre Schüler zur Tür hereinkommen, sehen Sie sie als vollständige Menschen mit ihren eigenen Gedanken, Gefühlen, Bedürfnissen, Talenten, Interessen und Geschenken, die sie mit Ihnen teilen? Wenn dem so ist, werden Sie wahrscheinlich Gefühle der Aufregung, der Ehrfurcht und der Neugier erleben. Wenn Sie statt dessen

---

[*] in den USA (A.d.Ü.)

Unterricht ist Verbindung zwischen Menschen und keine Richtlinie auf einem Stück Papier.
John Taylor Gatto

besorgt oder ängstlich sind, haben Sie vermutlich ein anderes Bild im Kopf – möglicherweise das von Schülern, die sich faul, störend, wild, fordernd, und/oder rebellisch aufführen. Wie immer Sie über Ihre Schüler denken – zu Beginn aber auch während des ganzen Schuljahres –, wird oft lauter und deutlicher kommuniziert, als das, was Sie sagen.

Gewaltfreie Kommunikation zeigt einen Weg, alle Etiketten in wahrnehmbares Verhalten zu übersetzen und dann die Bedürfnisse zu verstehen, die dem Verhalten zugrunde liegen. Anstatt einen Schüler „faul" zu nennen, könnten wir z.B. zunächst beobachten, dass er eingenickt ist und nicht die zugewiesene Arbeit tut. Wenn er gefragt würde, könnte er uns vielleicht erklären, dass er müde ist und nachts mehr Schlaf benötigt. Mit weiteren Gesprächen würden wir möglicherweise entdecken, dass er eine kleine Schwester hat, die ihn nachts mit ihrem Schreien aufweckt.

Sehen Sie die Geschenke jedes Kindes?

Wir alle möchten unseren Anteil zum Leben beitragen, indem wir mit anderen unsere Geschenke teilen. Unsere Geschenke sind unterschiedlich und jeder von uns hat Einzigartiges beizusteuern. Ihre Begeisterung dafür, die Geschenke der Schüler als solche zu erkennen und entgegenzunehmen, erlaubt es jedem Schüler, seinen Beitrag zu leisten, was vielleicht das größte Geschenk ist, das Sie ihm machen können. Es gibt ein Suaheli-Sprichwort, das sagt: „Das größte Geschenk, das wir anderen machen können, ist nicht, unsere Reichtümer mit ihnen zu teilen, sondern dass wir sie ihre Reichtümer selbst enthüllen lassen."

Was sagt Ihre Körpersprache?

Auf gleicher Augenhöhe mit Schülern zu sprechen und zuzuhören ist eigentlich leicht umzusetzen, aber nur wenn wir uns auch daran erinnern, es zu tun. Ungeachtet dessen, wie klein ein Kind ist, können wir uns hin hocken oder setzen, um mit ihm in dieser respektvollen Art zu sprechen. Wir können Schüler, die größer sind als wir, einladen sich hinzusetzen, damit wir von Angesicht zu Angesicht mit ihnen sprechen können.

Wie häufig hören Sie zu? Wie häufig sprechen Sie?

Wenn wir Schülern sorgfältig zuhören zeigen wir, dass wir wertschätzen, was sie uns sagen und dass wir sie ernst nehmen. Es trägt zum Verstehen, zur Verbindung und zum Vertrauen bei. Wenn Lehrer nur eine Änderung in ihrem Unterricht vornehmen könnten, dann ist eine Veränderung hin zu vermehrtem Zuhören sicherlich die wichtigste. Immer wieder sagen Schüler, dass es das ist, was sie sich am meisten wünschen.

Auf was achten Sie?

Hören Sie auf die Bedürfnisse, die Ihre Schüler haben? Achten Sie auf die Gefühle, die Schüler zeigen? Regen Sie die Schüler an, von ihrem Inneren heraus selbständig zu wachsen, indem sie viele Fragen formulieren und stellen, ihre eigenen Schlussfolgerungen ziehen und ihre eigenen Theorien konstruieren? Nehmen Sie ihre Fragen ernst und trauen Sie ihnen zu, dass sie ihre eigenen Antworten finden können? Oder ist der Unterricht hauptsächlich eine Plattform für die Antworten der Lehrbücher und für Ihr Wissen und Ihre Meinungen?

Macht entfaltet sich auf zweierlei Art. Die eine entsteht durch Angst vor Bestrafung und die andere entsteht durch Taten der Liebe. Die Macht, die auf Liebe basiert, ist tausendmal wirkungsvoller und dauerhafter als die, die sich aus der Furcht vor Bestrafung ableitet.
Gandhi

Was tun Sie, wenn ein Schüler „Nein" sagt?

In ihrem Bemühen, ihre Bedürfnisse zu erfüllen, sagen Ihre Schüler immer „Ja" zu etwas. Es ist einfach, ihr „Ja" zu genießen, wenn es die Erwiderung auf etwas ist, dass sie Ihrem Wunsch folgend tun. Es ist schwieriger und sehr wichtig zu hören, wozu sie „Ja" sagen, wenn sie etwas tun, das nicht Ihren Wünschen entspricht, oder wenn sie mit einem „Nein" auf Ihre Bitten antworten. In diesen Momenten zeigt Ihre Antwort den Schülern, ob Sie sich in gleichem Maße dafür interessieren, dass ihre Bedürfnisse berücksichtigt werden, wie Sie sich um die Erfüllung Ihrer eigenen Bedürfnisse kümmern. Wenn Sie versuchen, sie durch Schuldzuweisen, Beschimpfen, Beschämen oder Bestrafen dazu zu zwingen zu tun, was Sie wünschen, dann zeigen Sie, dass Sie sich in erster Linie nur für Ihre eigenen Bedürfnisse interessieren und dass Sie Ihre Machtposition nutzen, um zu erhalten, was Sie sich wünschen.

Wenn Sie Schülerinnen bestrafen – ob mit einem Blick, einem moralischen Urteil, das die Absicht verfolgt, Schuldgefühle zu erzeugen, oder körperlich – übermitteln Sie ihnen die Botschaft, dass sie etwas „falsch" machen oder „schlecht" sind und dass sie es verdienen zu leiden.

Die Entscheidung, keine bestrafende Macht über die Schüler auszuüben, bedeutet nicht, dass Sie Ihre Bedürfnisse aufgeben müssen. In einem auf Beziehungen gegründeten Unterricht werden die Bedürfnisse jeder Person bedacht, indem Strategien entwickelt werden, die die Bedürfnisse aller erfüllen.

Es gibt Momente, in denen Machtausübung erforderlich ist, um Menschen oder Dinge zu schützen. Zum Beispiel wenn ein Schüler im Begriff ist, einen anderen Schüler zu schlagen, wird ein Lehrer vielleicht einen der beiden festhalten müssen, um Verletzungen zu verhindern. In diesem Fall wird die Macht mit dem Ziel ausgeübt zu schützen und nicht zu bestrafen.

2.3 Die Beziehungen von Schülerinnen zu anderen Schülerinnen

In einem auf Beziehungen basierenden Unterricht ist die Lehrerin nicht die einzige Person, die für das Lernklima verantwortlich ist. Die Lehrerin gibt den Schülerinnen Gelegenheiten, wie sie lernen können, sich auf ganz andere Weise auszudrücken, anderen zuzuhören und in Erkenntnis des gegenseitigen Aufeinander-angewiesen-seins zu arbeiten. So können sie zu Hauptverantwortlichen für den Zusammenhalt und die Lebendigkeit innerhalb des Klassenraums werden.

Welche Arten von Beziehungen eine Lehrerin zwischen und unter den Schülerinnen nährt, ist abhängig von der Absicht. Die grundlegende Frage ist: Was für Beziehungen möchten Sie in Ihrem Klassenraum fördern? Wenn Ihre Absicht erst einmal klar ist, wird es möglich sein, Wege zu finden, sie umzusetzen.

Damit gegenseitig unterstützende Interaktionen genauso wie Verständnis füreinander entstehen können, handeln Lehrerinnen in einem auf Beziehungen basierenden Unterricht gemeinsam mit ihren Schülerinnen, um die Bedürfnisse der Einzelnen und der Gruppe zu erfüllen. Mary Parker Follett beschrieb Anfang des 20. Jahrhunderts diese Kapazität gemeinsam zu handeln, um die grundlegendsten Bedürfnisse zu erfüllen, mit den Begriffen „Macht mit jemandem" oder „Co-aktive Macht", die einen Gegensatz zu den Begriffen „Macht über jemanden" und „erzwingende Macht" bilden[15]. Sie machte geltend, dass sich unsere Macht als Einzelpersonen und als Gruppe erhöht, wenn wir zusammen handeln. Eine andere Sozialwissenschaftlerin, Janet Surrey, beschreibt „Macht mit" als eine sich entwickelnde menschliche Fähigkeit, um sich in gegenseitigen empathischen Beziehungsprozessen[16] zu engagieren – eine Aussage, die passend den Prozess der Gewaltfreien Kommunikation beschreibt. Um die gemeinsame Macht oder Stärke zu beschreiben, verwendet Marshall Rosenberg den Begriff „lebensbereichernde menschliche Verbindungen"[17] und Riane Eisler spricht über Interaktionen in Partnerschaften in ihrem Buch *Tomorrow's Children: A Blueprint for Partnership Education in the 21st Century*[18].

Welche Etikettierung wir auch immer benutzen, wir alle haben das Hochgefühl erlebt, das entsteht, wenn wir mit anderen kooperativ und harmonisch zusammenarbeiten oder spielen und die Bedürfnisse beider Seiten erfüllt werden. Stellen Sie sich vor, was in einem Klassenraum geschehen könnte, wenn Lernende routinemäßig diese Form der Synergie oder des Teamworks erfahren würden. Ihre Bedürfnisse nach Verbindung, Zusammenarbeit, gegenseitiger Unterstützung, Produktivität und erfolgreichem Lernen würden erfüllt. Und die individuellen Beiträge zu einer auf Synergie basierenden Gruppenumgebung würden unvorstellbare Auswirkungen haben, die beweisen könnten, dass das Ganze definitiv mehr als die Summe seiner Teile ist.

Aus unseren eigenen Unterrichtserfahrungen und von Lehrerinnen, die sich die Zeit genommen haben, auf Partnerschaft basierende Beziehungen in ihren Klassenzimmern zu fördern, wissen wir, dass es überraschend „natürlich" für Schülerinnen ist, kooperativ zusammen zu arbeiten. Wenn sie über neue Wahlmöglichkeiten und Fähigkeiten verfügen, wie sie miteinander arbeiten können, wenn ihre Anliegen gehört und ihre Bedürfnisse erfüllt werden, stellen sie fest, dass das Miteinander-arbeiten die erfreulichste Art des Zusammenseins darstellt. Es dauert jedoch Zeit, neue Fähigkeiten zu entwickeln und alte Gewohnheiten des Vergleichens, Beurteilens, Forderns und Erzwingens loszulassen. Marianne Gothlin, eine Lehrerin an der „Freien Schule Skarpnacks" in Schweden teilte ihre Beobachtung mit uns, dass es an ihrer Schule, die auf GFK aufbaut, ein Bewusstsein unter den Schülerinnen gibt, dass die Schule mehr Spaß macht, wenn es allen gut geht[19].

Wenn Sie auf Partnerschaft basierende Beziehungen in ihrem Unterricht fördern möchten, dann finden Sie vielleicht die folgenden Anregungen hilfreich.

Wie teilen Ihre Schülerinnen ihre Geschenke miteinander?

Jeder von uns hat Geschenke, die er oder sie mit in den Klassenraum bringt. In einem auf Beziehungen basierenden Unterricht wird den Schülerinnen geholfen, ihre Geschenke und die der anderen zu erkennen. Sie suchen nach Möglichkeiten, ihre Geschenke zu übergeben und die von anderen zu empfangen, um gegenseitige Bedürfnisse zu erfüllen.

> Klassenzimmer sollten Orte sein, in denen Schüler berechtigterweise an einer großen Zahl von Zielen arbeiten können, voller Staunen und Neugier, und wo Schüler und Lehrer zusammen leben und wachsen.
> *Nel Noddings*

An der „Freien Schule Skarpnacks" treffen sich Schüler und Lehrerinnen wöchentlich in Gruppen von 20-30 Personen, um über das zu sprechen, was zur Zufriedenstellung ihrer Bedürfnisse während der Woche beigetragen hat und was nicht. Häufig sind es kleine Sachen, die geschätzt werden, wie z.B. das, was ein Mädchen mit einem anderen geteilt hat: „Als du mich gestern beim Mittagessen gebeten hast, neben dir am Tisch zu sitzen, war ich glücklich. Ich mag es, wenn mich jemand gerne in seiner Nähe hat."[20]

Wie teilen Ihre Schülerinnen ihre Gefühle und Bedürfnisse mit?

Erkennen die Schülerinnen ihre eigenen Gefühle und die Bedürfnisse, die ihre Handlungen motivieren?

Erkennen die Schülerinnen die Gefühle und die Bedürfnisse von anderen?

Sind sie fähig und willens, über ihre Gefühle und Bedürfnisse zu sprechen?

Sind sie fähig und willens, auf die Gefühle und die Bedürfnisse von anderen zu hören?

> Wenn die akademische Kultur die innere Wahrheit abtut und nur noch die externe Welt ehrt, verlieren Schüler wie Lehrer ihr Herz.
> *Parker Palmer*

Sind sie in der Lage, gegenseitig zufriedenstellende Wege zu finden, um Bedürfnisse zu erfüllen?

(Gefühle und Bedürfnisse mitzuteilen ist der Kernpunkt der GFK und wird in Kapitel 4 erklärt.)

Formulieren Schülerinnen Bitten an andere oder stellen sie Forderungen?

Wenn Menschen eine Forderung hören, möchten sie normalerweise nicht das geben, wonach sie gefragt wurden, weil ihre Bedürfnisse nach Autonomie und freiwilligem Geben nicht erfüllt werden. Erst wenn wir lernen, Bitten an andere zu richten anstatt Forderungen zu stellen, wird ein Geben und Nehmen voller Freude möglich.

(Bitten zu formulieren ist ein wesentlicher Bestandteil der GFK und wird in Kapitel 4 erklärt.)

Wie häufig treffen Ihre Schüler Entscheidungen über ihr Lernen und ihr Leben im Klassenraum?

Alfie Kohn schreibt: „Es gibt einen wirklich entscheidenden und bedeutungsvollen Unterschied in der pädagogischen Konzeption. So kann man den Schülerinnen erklären, was die Lehrerin von ihnen erwartet, ihnen sagen, was sie sind und dass sie nicht die Erlaubnis haben zu handeln. Oder aber die Schülerinnen reflektieren gemeinsam, wie sie zusammen leben und lernen können. Es ist der Unterschied zwischen einer Vorbereitung darauf, ein Leben lang zu tun, was einem befohlen wird und der Vorbereitung darauf, eine aktive Rolle in einer demokratischen Gesellschaft zu übernehmen."[21]

Wenn Schüler bei Entscheidungen über das Leben im Klassenraum miteinbezogen werden, sind sie engagiert, interessiert, zuversichtlich und stark. Das trifft umso mehr zu, je mehr Entscheidungen die Schüler treffen, da viele ihrer Bedürfnisse erfüllt werden: Teilnahme, Einbezogen-werden, Respekt, Mitdenken, Vertrauen, Macht über ihre Umgebung und ihr Lernen.

(Zu den Ideen, wie Schülerinnen Vereinbarungen innerhalb der Klasse schließen können, finden Sie mehr in Kapitel 5, *Giraffen im Alltag: Gemeinsam Regeln aufstellen*.)

In welchem Maß lernen Schülerinnen zusammen und voneinander?

In einem nicht auf Wettbewerb sondern auf Beziehungen basierenden Unterricht wird es nicht als Schummeln ausgelegt, wenn Probleme gemeinsam gelöst werden, denn ein Lernen im Team wird angestrebt. Es gibt jedoch auch ausreichende Angebote für diejenigen, die für sich selbst lernen möchten. Am wichtigsten ist, dass die Schülerinnen an jedem Tag ihres Schullebens viele erfolgreiche Lernerfahrungen machen.

Haben Ihre Schülerinnen Austauschmöglichkeiten, um sich selbst auszudrücken und anderen zuzuhören?

Schülerinnen benötigen eine Vielzahl von Austauschmöglichkeiten, um
→ zu teilen, was in ihren Leben geschieht;
→ darüber zu sprechen, wie sie das Geschehen in der Welt betrifft;

→ zu antworten und zu reagieren auf das, was sie gerade lernen;

→ zu diskutieren, wie das Leben und Arbeiten in ihrer Klasse funktioniert;

→ Anerkennung zu teilen;

→ Probleme zu lösen;

→ gemeinsam Entscheidungen zu treffen;

→ Aktivitäten und Events zu planen;

→ Konflikte zu lösen.

Es bereichert und regt die Beziehungen von Schülerinnen zu Schülerinnen an, wenn sie eine Vielzahl von Gesprächsmöglichkeiten haben, bei denen die Schülerinnen zusammenfinden können. Die Gewaltfreie Kommunikation hilft, diese Treffen produktiv und zufriedenstellend zu gestalten.

Vorschläge für die Durchführung von Schülerforen:

Klassenrat

Sich in einem Kreis, dem Rat, zu treffen, wird von Kulturen überall auf der Erde praktiziert. Diese Form der Versammlung stellt Bedürfnisse nach Einbezogen-sein, Gleichheit und Verbindung zufrieden und bietet außerdem noch die Möglichkeit, sich im Zuhören innerhalb einer Gruppe zu üben. Sie erlaubt auch, dass jedermanns Stimme gehört wird. (Mehr über den „Rat" finden Sie in Kapitel 5, *Giraffen im Alltag: Der Klassenrat.*)

Diskussionen in der Klasse

Wenn alle Schüler nacheinander die Diskussionen in der Klasse leiten, können sie unterschiedliche Perspektiven sehen und sich Fähigkeiten in der Gruppenleitung erwerben. Damit mehr Schüler sprechen und gehört werden können, ist es manchmal sinnvoll, die Gruppe in kleinere Untergruppen aufzuteilen. Während sich diese Diskussionen für Lehrerinnen chaotisch anhören mögen, sind sie für die Schüler wertvoll, weil sie so lernen, sich ehrlich auszudrücken, sorgfältig zuzuhören und zu erfahren, wie man innerhalb der Gruppe gibt und nimmt. Wir sehen einen großen Wert in dieser Art von Auseinandersetzung, um die genannten Fähigkeiten zu erlernen.

Zweiergespräch

Das Zweiergespräch gibt jeder und jedem eine Gelegenheit zu sprechen und gehört zu werden. Wenn Schülerinnen sich eins zu eins begegnen und hören, wie eine andere Schülerin diesen einen Tag erlebt, fangen Verständnis und Mitgefühl schrittweise an zu wachsen. Das Wechseln der Partnerinnen unter den Schülerinnen lässt sie die täglichen Interessen von jeder anderen Schülerin in der Klasse hören, so dass sich Feindbilder auflösen, während sie schrittweise feststellen können, wie ähnlich ihre Anliegen sind.

Rollenspiele

Rollenspiele können Spaß machen. Sie sind auch ein kraftvolles Mittel, in die Haut eines anderen Menschen zu schlüpfen. Es bieten sich Möglichkeiten sowohl das Ausdrücken wie das Zuhören von Herzen zu üben.

(Mehr in Kapitel 5, *Giraffen im Alltag: Rollenspiele.*)

Empathie-Kumpel und Empathiehelfer vom Dienst

Empathie-Kumpel zu haben kann die Verbindung zwischen den Schülern verbessern und ihnen Gelegenheiten geben, ihre empathischen Fähigkeiten zu üben. Schülerinnen können sich freiwillig anbieten, Empathiehelferin vom Dienst im Klassenraum und/oder auf dem Schulhof zu sein. Während der Schulstunden können Schülerinnen zu diesen Freiwilligen gehen, wenn sie es wünschen oder brauchen, dass ihnen jemand zuhört.

> Wir sollten nicht vergessen, dass ein „sicheres" Klima im Klassenraum auch bedeutet, dass es in Ordnung ist, zu scheitern.
> *Esther Wright*

(Lesen Sie mehr über Empathie in Kapitel 4.)

Vermittler

Hilfe von dritter Seite durch Vermittlerinnen kann helfen, Differenzen zwischen zwei Schülern, die einen Konflikt haben, zu lösen. Sogar sehr junge Schüler können die Fähigkeiten erlernen, um in Konflikten unter Gleichaltrigen zu vermitteln. Diese Coaches helfen, die Fakten einer Situation, die Gefühle, die Bedürfnisse und die Bitten jeder beteiligten Schülerin zu erkennen. Die Vermittlerin erleichtert einen Fluss von Empathie zwischen den Parteien, damit sie für beide Seiten zufriedenstellende Lösungen finden können.

(Mehr in Kapitel 5, *Giraffen im Alltag: Mediation.*)

2.4 Die Beziehungen der Schüler zum Lernen

Wenn Schüler sich ihrer eigenen Lernprozesse bewusst sind und viele Gelegenheiten haben, Beziehungen mit der Welt herzustellen, haben sie alle Voraussetzungen, zu überzeugten lebenslang Lernenden zu werden.

Ein Verhältnis zu seinem eigenen Lernprozess aufbauen

Jeder von uns lernt auf seine ganz eigene Art und Weise und für jeden von uns gibt es Dinge, die unser Interesse aufblitzen lassen und unseren Appetit aufs Lernen wecken. Wir haben Fragen, die wir stellen möchten und kennen Wege, wie wir zu Antworten kommen. Uns bewusst zu werden, wie wir lernen und zu wissen, für was wir uns interessieren, um es zu erlernen, sind möglicherweise die wichtigsten Teile des Lernprozesses. Das Lernen über uns selbst als Lernende ist ein grundlegender Bestandteil eines auf Beziehungen basierenden Unterrichts. Wir halten es für nützlich, dass Lehrer Folgendes beachten:

Wissen Ihre Schüler, was ihre Interessen, Talente und Lernstile sind?

Sind die Schüler neugierig? Was regt ihre Sinne zum Staunen an? Wissen sie, was ihre Interessen sind? Sind sie sich ihrer Talente und Geschenke bewusst? Wissen sie, wie sie am besten lernen können?

Nehmen Ihre Schüler aktiv am Lernen teil?

Wie viel Zeit wenden Ihre Schüler für das Entdecken, das Erforschen und das Experimentieren auf? Wie viel Zeit nehmen sie sich, um den Lehrern zuzuhören, um das zugewiesene Material zu lesen und um Arbeitseinheiten abzuschließen? Sind sie neugierig, engagiert, eifrig, aufgeregt und spielerisch beim Lernen oder scheinen sie die „Zeit totzuschlagen"?

Werden Ihre Schüler bei der Festsetzung der Lernziele mit einbezogen?

In einem auf Beziehungen basierenden Unterricht arbeiten Schüler und Lehrer zusammen, um die Lernziele festzusetzen. Die Lernziele basieren auf dem, was die Schüler gerne lernen möchten und auf dem, was der Lehrer für die Schüler als wertvollen Stoff ansieht. Zielsetzungen werden durch fortwährenden Dialog zwischen Lehrern und Schülern festgesetzt, beurteilt und verbessert. Die Schüler können sich auch gegenseitig helfen, über Zielsetzungen und Strategien zu entscheiden, die wahrscheinlich zur Erfüllung der Ziele führen.

Wenn Lernziele außerhalb des Klassenraums festgelegt werden, wie im Fall standardisierter Prüfungen, erleben Schüler und Lehrer häufig Zweifel, Besorgnis und Widerstand. Sie benötigen Empathie für den Verlust der Autonomie, den sie erfahren. Möglicherweise möchten sie auch darüber sprechen, welche Bedeutung diese externen

Zielsetzungen für sie haben oder nicht haben. Lehrer und Schüler können erforschen, welche Bedürfnisse erfüllt werden, wenn sie auf die festgesetzten Lernziele hinarbeiten.

Werden Ihre Schüler in die Auswertung der Lernergebnisse mit einbezogen?

Lernen, seinen eigenen Fortschritt zu überprüfen – genau zu überprüfen, wie gut wir unsere Zielsetzungen erfüllt und unsere Bedürfnisse zufrieden gestellt haben – ist eine unerlässliche Fähigkeit, die zu entwickeln ist. Das folgende Beispiel veranschaulicht, wie Schüler ihre Arbeit im Sinne von eigenen Wünschen und Zielen auswerten können, statt sie in Form von Vergleichen mit anderen zu bewerten.

Ein Mädchen an der Freien Schule Skarpnacks war nicht mit den Resultaten eines Mathetests einverstanden, den sie den Tag vorher absolviert hatte. Sie brachte das Thema in der Klasse zur Sprache:
Schülerin: Ich bin traurig und unzufrieden mit meinem Ergebnis.
Lehrerin: Kannst du erklären, was dich traurig und unzufrieden macht?
Schülerin: Ja, ich wünschte, ich hätte andere Prioritäten gesetzt ... Ich habe Mathe in letzter Zeit nicht viel Aufmerksamkeit geschenkt. Mir ist klar, dass ich mehr Geduld mit mir haben muss, um das hier zu lernen.[22]

Tragen Ihre Bewertungen zum Lernprozess Ihrer Schüler bei?

Wir haben Folgendes beobachtet: Wenn Lehrer eine statische Sprache (richtig/falsch, korrekt/fehlerhaft, gut/schlecht, akzeptabel/inakzeptabel) verwenden, um die Arbeit der Schüler zu bewerten, lernen Schüler vor allem, für die Zustimmung der Lehrer zu arbeiten und nicht für sich selbst. Diese Art der Bewertung untergräbt auch die Sicherheit im Unterricht. Schüler bekommen Angst zu experimentieren und neue Sachen auszuprobieren. Der Lernprozess eines Schülers leidet auf Kosten beider.

Eine prozesshafte Sprache wie die GFK anzuwenden statt einer statischen Bewertung, stellt eine Beziehung zu den Schülern her und verschafft ihnen ein wertvolles Feedback. In den folgenden Beispielen von Prozessauswertungen teilt der Lehrer ehrlich seine Reaktionen mit und beteiligt sich am Lernprozess des Schülers.

Ein Lehrer spricht mit einem Schüler und sagt: „Ich bin ratlos, warum diese Person in deiner Geschichte so traurig ist. Könntest du mir helfen, zu verstehen, was mit ihr los ist?"

Ein mathematisches Problem betrachtend, sagt ein Lehrer: „Bei dieser Aufgabe stelle ich fest, dass ich zu einer anderen Lösung komme als du. Ich bin etwas irritiert. Ich möchte verstehen, wie du auf deine Antwort gekommen bist. Magst du es mir zeigen?[23]"

Wie verhalten sich Ihre Schüler, wenn sie Fehler machen oder wenn sie scheitern?

Wenn Schüler für ihre Fehler und ihr Scheitern verurteilt, benotet und lächerlich gemacht werden, fühlen sie sich normalerweise nicht sicher genug, etwas Neues zu riskieren. Fehler und Scheitern, wie es in vielen traditionellen Unterrichtsformen zu sehen ist, können Lernende aus der Bahn werfen. Sie fühlen sich häufig in Verlegenheit gebracht, entmutigt oder beschämt und denken, dass sie keine Fehler machen dürfen und dass mit ihnen etwas nicht in Ordnung ist. Ihr Lernprozess leidet unter solcher Selbstkritik. Sie laufen Gefahr sich zurückzuziehen und dann diese wertvolle Lernerfahrung zu verpassen, die gerade dann möglich ist, wenn die Dinge nicht so laufen, wie sie eigentlich sollen. Wir können Schülern helfen zu lernen, mit Fehlern und Scheitern gut fertig zu werden und nach Informationen zu suchen, die es ihnen ermöglichen, die weiteren Schritte im Lernprozess zu unternehmen, anstatt in Selbstzweifeln und Entmutigung zu versinken. Wir können zu einer ausgeglichenen Einschätzung beitragen, indem wir die Schüler wahrnehmen und ihnen helfen, auch aus Erfolgen zu lernen.

(Mehr in Kapitel 3, *Voraussetzung 4.*)

Mit dem Lehrplan ein Verhältnis zur Welt formen

J. Krishnamurti, William Glasser (und andere)[24] haben beobachtet, dass Schüler am aufgeschlossensten gegenüber einem Lehrplan sind, wenn dieser auch ihnen entgegenkommt. Dadurch können sie erkennen, dass sie nicht nur als Beobachter die gegenseitige Vernetzung aller Dinge untersuchen, sondern dass auch sie ein Teil dieser gegenseitigen Verbundenheit sind. Wenn wir Lehrpläne betrachten, hilft es, das Folgende zu beachten:

Lehrpläne drehen sich um Beziehungen: das gegenseitige Verbunden-sein von allem. Sarah Pirtle

Was ist der Rahmen des Lehrplans, den Sie einhalten oder vertreten müssen?

Der Lehrplan ist ein Rahmen, in dem sich die Welt spiegelt. Lehrer sorgen für die Einhaltung dieses Rahmens, innerhalb dessen Schüler geistige und manchmal physische Ausflüge in die Welt der Menschen, Ereignisse, Gedanken, Philosophien, Künste und Kulturen unternehmen. Der Lehrplan reflektiert den Zweck der Ausbildung, den die Leute, die ihn geschrieben haben, vor Augen hatten. Welchen Zweck hatten die Menschen, die Ihren Lehrplan geschrieben haben, vor Augen? Entspricht er Ihren Bedürfnissen und denen Ihrer Schüler? Was würden Sie hinzufügen oder streichen? Wie können Sie mit Ihrem Lehrplan auf eine Ihnen sinnvoll erscheinende Art und Weise arbeiten?

Wie häufig konzentrieren Sie sich auf das Zusammenspiel von Gefühlen und Bedürfnissen in Ihrem Lehrplan – insbesondere im Literatur- und Geschichtsunterricht sowie in den naturwissenschaftlichen Fächern?

In einem auf Beziehungen basierenden Unterricht richtet sich der Fokus darauf, die Gefühle anzuerkennen und die Bedürfnisse des Einzelnen und der Gruppe zu erfüllen. Der Unterricht ist ein Mikrokosmos, in dem sich widerspiegelt, wie Stämme und

Nationen im Lauf der Geschichte versucht haben, Bedürfnisse auf die beste ihnen mögliche Art und Weise zu erfüllen. Dieser Mikrokosmos kann lernanrengende Einblicke in den Makrokosmos gewähren. Die Naturwissenschaften können aus der Perspektive der aufeinander folgenden Fortschritte in der Erfüllung der menschlichen Bedürfnisse nach Behausung, Nahrung, Schutz, Kommunikation, Transport, Entspannung, usw. angesehen werden. Geschichte kann als ein Studium der Strategien gesehen werden, die unterschiedliche Gruppen von Menschen angewendet haben, um ihre grundlegenden menschlichen Bedürfnisse zu erfüllen. Literatur kann als ein Zusammenspiel von Bedürfnissen einer großen Bandbreite von Individuen und als Summe der Resultate von Strategien, die sie gewählt haben, um ihre Bedürfnisse zu erfüllen, betrachtet werden.

Wird berücksichtigt, in welchen größeren Zusammenhängen menschliches Leben steht?

Behandelt Ihr Lehrplan wirklich die gegenseitige Vernetzung aller Dinge? Anerkennt und respektiert er die Ebenen und die Netze des gegenseitigen Aufeinander-angewiesen-seins, die menschliches Leben nicht nur möglich, sondern so vielschichtig, beeindruckend inspirierend und sinnvoll machen? Wie der Klassenraum, so hat die Gemeinschaft, in der die Schüler leben, ihre eigenen Bedürfnisse. Jede Lebensform hat ihre Bedürfnisse, also auch die Biosphäre und der ganze Planet. Welche Art von Bedürfnissen könnten die Biosphäre, unser Planet oder andere Planeten haben?

Wenn Schüler sich unterstützt und erfolgreich im Unterricht wahrnehmen, dann lassen sie sich selten gehen. Wenn Lehrer sich gestützt und in ihrer Schule erfolgreich wahrnehmen, brennen sie selten aus.
Esther Wright

Stellen Schüler sinnvolle Beziehungen zum Lehrplan her?

Ist der Lehrplan einigermaßen relevant für die Interessen, die Neigungen und das Leben Ihrer Schüler? Wenn dem so ist, sind sie wahrscheinlich begeistert bei der Sache. Andernfalls werden sie vermutlich Alternativen finden, um sich während des Unterrichts mit etwas zu verbinden. Als diejenigen, die für die Einhaltung des Lehrplanes zuständig sind, müssen Lehrer in der Lage sein, eine von Schülern sehr häufig gestellte Frage zu beantworten: Warum müssen wir Geschichte, Mathematik, Schreiben, usw. lernen? Dies kann eine schwierig zu beantwortende Frage sein, und Schüler merken, wenn wir sie mit vorgefertigten Antworten abspeisen. Es ist eine berechtigte Frage, und die Bereitwilligkeit eines Lehrers, sich darauf einzulassen, kann auf lange Sicht dazu beitragen, Vertrauen und Offenheit in der zukünftigen Kommunikation zu schaffen. Was denken Sie, warum Ihre Schüler Geschichte, Naturwissenschaften, Mathematik, usw. lernen müssen?

Wie viele Lernquellen sind in Ihrem Klassenraum verfügbar und wie gut sind sie für Ihre Schüler zugänglich?

Wie wir lernen ist ebenso wichtig, wie was wir lernen. Schüler zeigen sich möglicherweise gar nicht so abgeneigt, ein bestimmtes Thema, das ihnen nahe gelegt wird, zu bearbeiten. Vielleicht haben sie aber Mühe mit der Art, wie die Themen dargestellt werden. Welche Lernmöglichkeiten – außer dem Lehrer – sind für die Schüler verfügbar? Möglicherweise sind Nachschlagewerke vorhanden. Was gibt es außer Büchern? Schüler verarbeiten Informationen auf verschiedene Weise. Sie haben unterschiedliche Lernstile und benötigen jeweils andere Zugangswege, um sich mit der Materie zu verbinden, mit der sie sich gerade beschäftigen.[25] Werden Ihre Schüler angeregt, ihre weitere Umgebung als ein Lernhilfsmittel zu betrachten, und haben sie einen einfachen Zugang dazu?

Zusammenfassung

Es gibt drei Fragen, die für einen Lehrer, der einen auf Beziehungen basierenden Unterricht einführen möchte, nützlich sein können:

→ Schaffe ich Sicherheit und Vertrauen?
→ Ziehe ich meine Bedürfnisse und die Bedürfnisse der Schüler in Betracht?
→ Verwende ich eine Kommunikation, die einen respektvollen, sinnvollen Dialog ermöglicht?

Wir hoffen, dass die Vorschläge und die Fragen in diesem Teil des Buches dazu beitragen, die Bedürfnisse Ihrer Schüler nach Sicherheit und Vertrauen und Ihre Bedürfnisse nach Inspiration, Ermutigung und Unterstützung zufrieden zu stellen.

Teil II

Werkzeuge zur Einführung eines lebensdienlichen Lehr- und Lernsystems

Einführung

In Teil I haben wir uns mit Grundlagen für Sicherheit und Vertrauen im Unterricht beschäftigt, indem wir uns auf Bedürfnisse und das Erlernen einer Sprache des Gebens und Nehmens konzentriert haben. In Teil II bieten wir Werkzeuge an, um dies auch umsetzen zu können.

Die *fünf Voraussetzungen* in Kapitel 3 bieten Einsichten zu den Bedürfnissen – wie sie zu verstehen und zu erkennen sind und wie sie zufrieden gestellt werden können. Diese Voraussetzungen sind als Erinnerung an unser menschliches Vermögen gedacht, Einfühlung zu geben und füreinander Sorge zu tragen. Die Übungen in jeder der „Voraussetzungen" können als Hilfsmittel verwendet werden, sowohl für Lehrerinnen als auch für Schülerinnen, um ein sicheres Umfeld für Lust am Lernen und Mitgefühl zu schaffen. Kapitel 4 enthält eine schrittweise Beschreibung der Gewaltfreien Kommunikation, einer respektvollen Sprache des gegenseitigen Gebens und Nehmens. Diese Sprache verbindet den Verstand mit dem Herzen und stimmt uns darauf ein, was wir als menschliche Wesen gemeinsam haben. Diese Sprache anzuwenden integriert unser Denken, erweitert die Bandbreite unserer Entscheidungen für eine mitfühlende Interaktion und schafft Wohlbefinden, indem sie uns hilft unsere Bedürfnisse zufrieden zu stellen. Das wird in den vier Dialogen am Ende des Kapitels verdeutlicht. Kapitel 5 beinhaltet Aktivitäten und Spiele, um die GFK zu lernen und zu üben. Es vervollständigt unsere „Werkzeugkiste", um eine einfühlsame Lehr- und Lernumgebung zu schaffen und aufrechtzuerhalten.

3. Unsere gebende und nehmende Natur wieder entdecken

Wie wir denken, sprechen und miteinander umgehen basiert auf unseren Annahmen über die menschliche Natur. Wenn wir glauben, dass unsere Natur in erster Linie aggressiv, eigennützig, wettbewerbsorientiert und egozentrisch ist, dann werden unsere Gedanken und Handlungen solche Überzeugungen widerspiegeln. Die nachfolgenden „fünf Voraussetzungen" drücken unser Verständnis der menschlichen Natur aus. Diese Voraussetzungen haben das Potenzial, einen Wandel im Herzen derer herbeizuführen, die danach leben. Dieser Wandel im Herzen kann die Quelle für gesteigertes Lernen und weniger Konflikte im Klassenraum sein. In diesem Kapitel legen wir unser Verständnis der Voraussetzungen mit Hilfe von Beispielen, Übungen und Gruppenaktivitäten dar.

Das Vermögen, sich für etwas einzusetzen, ist die Fähigkeit, die dem Leben seinen tiefsten Sinn und seine Bedeutung gibt.
Pablo Casals

Wir hoffen, dass Sie diese Voraussetzungen erforschen werden, indem Sie die Übungen selbst durchführen. Aufbauend auf Ihren eigenen Erfahrungen können Sie wählen, welche der Übungen Sie mit Ihren Schülerinnen durchführen wollen und auf welche Art Sie dies tun möchten. Wir ermutigen Sie, die Übungen und Gruppenaktivitäten abzuwandeln, um sie ggf. Ihren Bedürfnissen und den Anliegen Ihrer Schülerinnen anzupassen.

Im Folgenden finden Sie einen Überblick über die fünf Voraussetzungen und deren wesentliche Aspekte

Voraussetzung 1
Es entspricht unserer Natur zu geben.
→ Jede von uns hat viel zu geben.
→ Wir haben Freude am Geben, wenn wir es aus eigenem Willen tun.

Voraussetzung 2
Wir können geben und nehmen, um die Bedürfnisse aller Beteiligten zu berücksichtigen.
→ Bedürfnisse sind universell und erkennbar.
→ Unsere Bedürfnisse sind unabhängig von konkreten Personen.
→ Wir versuchen immerzu, unsere Bedürfnisse zu erfüllen.
→ Gefühle sind hilfreiche Botschafter erfüllter und unerfüllter Bedürfnisse.
→ Unsere Bedürfnisse zu erkennen stärkt uns.

Voraussetzung 3
Um Bedürfnisse zufriedenzustellen, können wir vielseitiger werden im Denken, Zuhören, Sprechen und Handeln.
→ Wir sind selbst verantwortlich für unsere Wahl.
→ Es gibt viele Wege, um ein Bedürfnis zufrieden zu stellen.
→ Wir können wählen, wie wir denken.
→ Wir können wählen, wie wir zuhören.
→ Wir können wählen, wie wir uns ausdrücken.

Voraussetzung 4
Wir können jederzeit neue Wege erlernen, Bedürfnisse zu erfüllen.
→ Wir können Strategien verfeinern, um Bedürfnisse zu erfüllen.
→ Wir können feiern, wenn Strategien zum Ziel führen.
→ Wir können von Strategien lernen, die nicht zum Ziel führen.

Voraussetzung 5
Indem wir uns auf Bedürfnisse konzentrieren, können wir Konflikten vorbeugen, sie reduzieren und lösen.
→ Bedürfnisse stehen niemals in Konflikt miteinander.
→ Konflikte entstehen, wenn wir denken, dass es nur einen Weg oder nur eine Person gibt, um ein Bedürfnis zu erfüllen.
→ Konflikte entstehen, wenn eine Strategie gewählt wurde, um ein Bedürfnis zu erfüllen, die dazu führt, dass wichtige andere Bedürfnisse nicht erfüllt werden.
→ Die allergrößte Freude bereiten wir uns, wenn wir Möglichkeiten finden, die Bedürfnisse aller zufrieden zu stellen.

Voraussetzung 1:
Es entspricht unserer Natur zu geben

„Geben impliziert, auch das Gegenüber zu einer gebenden Person zu machen, und dass beide die Freude darüber teilen, was sie für das Leben getan haben. Im Akt des Gebens liegt der Ausdruck meiner Lebendigkeit." – *Erich Fromm*

Ein Elternteil steht in den frühen Morgenstunden auf, um das neugeborene Baby zu füttern.

Ein Kind hetzt von der Schule nach Hause mit einem farbenprächtig einpackten Geschenk, das es gebastelt hat und legt es erwartungsvoll auf den Lieblingsstuhl seines Vaters.

Mitglieder einer Gemeinde in Florida helfen einander, ihre nach einem Hurrikan verwüsteten Häuser zu säubern.

Wenn wir auf diese Art und Weise geben entspricht das dem spontanen Wunsch, zum Wohlergehen von anderen beizutragen. Tatsächlich ist es dieser Wunsch, zum Leben von anderen beizutragen, der die menschliche Natur kennzeichnet.[26]

Weil wir in Familien, in Nachbarschaften und in Städten leben, werden unsere Lebensläufe mit den Lebensläufen von vielen anderen Menschen verwoben. Anstatt abgetrennte Inseln von Selbstgenügsamkeit zu bilden, sind wir Mitglieder sozialer Gruppen, die einander brauchen. Die Zugehörigkeit zu einer Gruppe wird verstärkt, indem wir unsere Geschenke und unsere Großzügigkeit mit anderen teilen.

Jede von uns hat viel zu geben

Jede von uns besitzt eine Fülle von Ideen, Talenten, Fähigkeiten und von interessanten Dingen, die sie mit anderen teilen kann. Manche Menschen geben uns ihr Singen, andere geben Gemüse aus ihrem Garten, wieder andere geben Kekse und manche Gedichte oder Gemälde.

Selbst wenn wir alle persönlichen Fähigkeiten und Talente beiseite lassen, gibt es einige Dinge, die wir alle geben können: Zeit, Energie, Aufmerksamkeit. Manchmal reicht es schon, mit jemandem, der krank ist, im gleichen Raum zu sitzen. Es kann also ein Geschenk sein, Zeit miteinander zu verbringen. Wenn ein Familienmitglied eine schwere Arbeit zu erledigen hat, kann es für diese Person ein Geschenk sein, Energie zu teilen. Wenn ein Freund in Bedrängnis ist, kann unsere Aufmerksamkeit ein Geschenk sein.

Wenn wir als Gesellschaft engagierte Erwachsene hervorbringen möchten, ist es wichtig, jungen Menschen Gelegenheit zu geben, herauszufinden, was ihre Geschenke sind und wie sie sich selbst als aktive, bewusste Gebende erfahren können.

Wir wünschen uns auch, dass unsere Kinder üben können, „Nehmende" zu sein – aktiv und bewusst Empfangende. Die Bereitwilligkeit, von anderen zu nehmen ist ein zusätzliches Geschenk, das wir alle geben können. Das Empfangen eines Geschenks mit echter Bestätigung und der Anerkennung für den Geber erzeugt einen Fluss des Wohlwollens mit dem Ergebnis, dass jede Person ein gleichwertiger Partner in einem Tanz des gegenseitigen Gebens ist.

Übung:

Denken Sie daran, auf welche Weise Sie von Herzen geben. Stellen Sie eine Liste zusammen, wie Sie was geben können.

Fertigen Sie eine Liste der Dinge an, die Sie von anderen empfangen.

Gruppenaktivität:

Legen Sie ein Ressourcen-Buch an, in dem die Geschenke aufgeführt werden, die jede Person in der Klasse/Schule anderen anbieten möchte.

Wir haben Freude am Geben, wenn wir es aus eigenem Willen tun

Wenn wir die Bedürfnisse eines anderen Menschen hören und realisieren, wie wir dazu beitragen können, ihm bei der Erfüllung dieser Bedürfnisse zu helfen, dann empfinden wir oftmals einen Impuls zu geben. Es ergeht uns wie dem Elternteil, das ein Kind füttert oder wie den Nachbarn, die sich gegenseitig helfen, nach dem Hurrikan wieder aufzuräumen. Wir erleben eine Woge des Vergnügens, das aus freiem Geben erwächst, ohne die Erwartung, etwas zurückzubekommen. Empathie für die Gefühle und die Bedürfnisse von anderen ist eine im Herzen fühlbare Verbindung, die dem Geist des Gebens erlaubt, uns zu durchdringen.

> Herrschaft oder Zwang jeglicher Art ist eine direkte Behinderung von Freiheit und Intelligenz.
> *J. Krishnamurti*

Während wir immer gleichzeitig auch empfangen, wenn wir etwas geben, ist es jedoch schwierig, eine im Herzen fühlbare Verbindung aufzubauen, wenn unser Geben nur darauf abzielt, etwas zu bekommen. Das gilt auch, wenn da ein Unterton von Verpflichtung mitschwingt, dass man etwas geben muss, geben soll oder sollte. Dann wird der Fluss einer Verbindung der Herzen unterbrochen.

Übung:

Denken Sie an einen spezifischen Zeitpunkt, an dem Sie jemandem etwas gegeben haben, einfach weil Sie es wollten.

➜ Was gaben Sie?

➜ Wie fühlten Sie sich?

➜ Was motivierte Sie zum Geben?

Gruppenaktivität:

Fertigen Sie eine Zeichnung von der oben angeführten Situation an und zeigen Sie, wie Sie sich dabei gefühlt haben.
➜ Tauschen Sie Ihre Zeichnungen in der Gruppe untereinander aus.
➜ Nehmen Sie wahr, auf welch unterschiedliche Weise es möglich ist, zu geben.
➜ Beobachten Sie, wie Sie sich fühlen, wenn Sie etwas geben, einfach weil Sie es wollen.

Voraussetzung 2:
Wir können geben und nehmen, um die Bedürfnisse aller Beteiligten zu berücksichtigen

> „Ich glaube, dass es unserem Wesen entspricht zu genießen,
> wenn wir auf mitfühlende Art geben und nehmen." – *Marshall Rosenberg*

So merkwürdig es auch klingen mag: Wir geben unsere Geschenke, um unsere eigenen Bedürfnisse zu erfüllen, denn hinter allen unseren Anliegen steht das Bedürfnis, zum Wohlergehen aller Menschen beizutragen. Um unsere gebende und empfangende Natur völlig und umfassend annehmen zu können, sind ein Verständnis der Bedürfnisse und ein Wortschatz, um sie auszudrücken, unerlässlich.

Bedürfnisse sind universell und erkennbar

Bedürfnisse beziehen sich auf das, was uns physisch, emotional, geistig, sozial und spirituell unterstützt. Bedürfnisse motivieren Handlungen. Menschliche Wesen teilen die grundlegenden, überlebenswichtigen Bedürfnisse. Dazu gehören: Luft, Wasser, Nahrung, Ruhe und Sicherheit. Zusätzlich zu diesen grundlegenden Bedürfnissen benötigen wir auch Liebe, Lernen, Freunde, Spaß und einen gewissen Grad an Autonomie. Da Menschen überall die gleichen Bedürfnisse haben, ist es möglich, zu verstehen, was Menschen motiviert, selbst wenn ihre Lebensstile, ihr Glaube und ihre Sprachen sehr unterschiedlich sind und selbst wenn wir nicht mit ihren Handlungen einverstanden sind.

Unsere Bedürfnisse sind unabhängig von konkreten Personen

Bedürfnisse werden vollkommen klar durch drei Worte ausgedrückt, z.B.: „Ich brauche Klarheit"; „Mir ist Weiterentwicklung wichtig" oder „Ich möchte Freundschaft". Wir haben möglicherweise eine spezielle Person im Sinn, von der wir hoffen, dass sie uns hilft, unsere Bedürfnisse zu erfüllen. Wir sind jedoch nicht abhängig von dieser einen Person, um ein Bedürfnis zu erfüllen. Bedürfnisse schließen keine speziellen Menschen oder spezielle Handlungen ein, wie z.B.: „Ich brauche dich, damit ich ..." Zu denken, dass nur eine Person oder Handlung zur Erfüllung unseres Bedürfnisses denkbar ist, stellt eine Hauptquelle von Konflikten dar, ein Umstand auf den in Voraussetzung 5 näher eingegangen wird.

Übung:

Stellen Sie eine Liste mit den universellen Bedürfnissen zusammen, die Sie und alle Menschen haben. (Um sich anregen zu lassen, können Sie die Liste der Bedürfnisse in Kapitel 4 aufschlagen.)

Wir versuchen immerzu, unsere Bedürfnisse zu erfüllen

Wenn wir unseren Kindern abends beim Schlafen zusehen, wissen wir, dass sie ihr Bedürfnis nach Erholung nach einem ganzen Tag voller Lernen und Spielen erfüllen.

Wenn wir unseren Nachbar sehen, wie er jeden Morgen joggt, können wir das als einen Weg ansehen, wie er sein Bedürfnis nach Gesundheit und Übung erfüllt.

Wenn eine Schülerin viele Stunden damit verbringt zu lernen, können wir vermuten, dass sie ihr Bedürfnis nach Weiterentwicklung zufrieden stellt.

Wenn eine Freundin uns einen Witz erzählt, versucht sie vermutlich, ihre Bedürfnisse nach Humor und spielerischem Austausch oder möglicherweise auch Entspannung zufrieden zu stellen.

Wenn wir einen Freund anrufen, um ihm über etwas zu berichten, das uns Sorgen macht, versuchen wir dadurch vielleicht, unsere Bedürfnisse nach Empathie und Verständnis zu erfüllen.

Tatsächlich ist alles, was auch immer wir tun, ein Versuch, eines oder mehrere unserer menschlichen Bedürfnisse zu erfüllen.

Übung:

Denken Sie an etwas, das Sie heute Morgen getan haben.

→ Welche Bedürfnisse versuchten Sie zu erfüllen?

→ Können Sie sich noch andere Bedürfnisse vorstellen, die Sie damit erfüllt haben?

Ein Bedürfnis ist Leben, das versucht, sich auszudrücken.
Marshall Rosenberg

→ Denken Sie an noch etwas anderes, was Sie gesagt oder getan haben und stellen Sie fest, welche(s) Bedürfnis(se) Sie versuchten zu erfüllen.

→ Fällt Ihnen etwas ein, das Sie gesagt oder getan haben und das kein Versuch war, ein Bedürfnis zu erfüllen?

Gefühle sind hilfreiche Botschafter erfüllter und unerfüllter Bedürfnisse

Unsere Gefühle sind wichtige Botschafter, die uns erklären, wann unsere Bedürfnisse erfüllt sind und wann nicht. Angenehme Gefühle wie „glücklich", „erfüllt" und „froh" geben uns den Hinweis, dass unsere Bedürfnisse erfüllt werden. Schmerzliche Gefühle wie „traurig", „aufgebracht" und „frustriert" weisen darauf hin, dass unsere Bedürfnisse nicht erfüllt sind. Wenn wir unsere Gefühle beachten und auf ihre Botschaften hören, erhalten wir wichtige Anhaltspunkte darüber, wie wir unsere eigenen Bedürfnisse erfüllen können. Wenn wir auf die Gefühle der Menschen um uns herum achten und auf die Botschaften hören, die sie uns möglicherweise geben, erhalten wir wichtige Anhaltspunkte darüber, was sie wertschätzen und was ihnen wichtig ist.

Übung:

Denken Sie an eine Zeit, in der Sie sich als sehr zufrieden erlebt haben.

→ Welches Bedürfnis wurde erfüllt?

→ Denken Sie an eine Zeit, als Sie sich frustriert oder enttäuscht fühlten.

→ Welches Bedürfnis wurde nicht erfüllt?

Gruppenaktivität:

Fertigen Sie ein Diagramm oder eine Collage an, in denen „Gefühle, wenn die Bedürfnisse erfüllt sind" aufgeführt sind. Tun Sie das ebenfalls zu dem Thema „Gefühle, wenn die Bedürfnisse nicht erfüllt sind". Fügen Sie weitere Gefühle hinzu, wenn Sie andere Worte für Gefühle hören oder daran denken. (Vorschläge finden Sie in der Liste der Gefühlswörter in Kapitel 4.)

Unsere Bedürfnisse zu erkennen stärkt uns

Unsere Bedürfnisse zu erkennen, bestärkt uns, Maßnahmen in unserem eigenen Interesse zu ergreifen. Je genauer wir sie benennen können, umso wahrscheinlicher ist es, dass wir wirkungsvolle Maßnahmen ergreifen. Wenn wir andererseits nicht erkennen, was wir benötigen, ist die Wahrscheinlichkeit groß, dass wir auf eine Art und Weise handeln, die uns nicht zufrieden stellen wird oder die wir sogar bedauern. Wenn ich z.B. fühle, dass ich am Ende eines Schultages reizbar und müde bin und ich mich erinnere, dass ich seit dem Frühstück nichts mehr gegessen habe, kann ich erkennen, dass ich ein Bedürfnis nach Nahrung habe. Wenn mir dieses Bedürfnis klar vor Augen steht, ist es sehr wahrscheinlich, dass ich etwas zum Essen zubereite. Wenn ich mich jedoch reizbar und müde fühle und nicht nach der Ursache jener Gefühle (dem Bedürfnis meines Körpers nach Nahrung) suche, könnte es sein, dass ich nach einem Schokoriegel greife oder jemand anderen anfauche.

Unglücklicherweise ist es in unserer Zeit selten, dass Menschen in Begriffen von Gefühlen und Bedürfnissen denken. Nur wenige von uns haben einen Wortschatz an Gefühlen, der über „wütend“, „traurig“, „froh“ und „frustriert“ hinausgeht. Statt dessen sind viele von uns dazu erzogen worden zu glauben, dass es sich schlecht auf unseren Charakter auswirkt, wenn wir Gefühle und Bedürfnisse haben. Dies sei ein Zeichen dafür, dass wir „egoistisch“ oder „bedürftig“ sind. Es scheint als herrsche der Glaube vor, dass ein starker Mensch nichts braucht und dass ein guter Mensch seine Bedürfnisse ganz hinten an stellt.

Eine Gesellschaft mit Menschen zu erschaffen, die nicht wissen, dass sie Bedürfnisse haben; die glauben, dass es nicht akzeptabel ist, Bedürfnisse zu haben, und die nur über einen begrenzten Wortschatz verfügen, um über Gefühle und Bedürfnisse zu sprechen, hat unglückliche und oftmals auch tragische Konsequenzen. Leute, die sich ihrer Bedürfnisse nicht bewusst sind, handeln häufig ohne Erfolg und oft sogar auf zerstörerische Weise. Die, die unsere Gefängnisse füllen, weil sie ein anderes menschliches Wesen verletzt oder getötet haben, waren sich zum Zeitpunkt ihrer Tat ihrer wirklichen menschlichen Bedürfnisse, die sie zu erfüllen suchten, nicht bewusst. Infolgedessen waren sie nicht in der Lage, andere Möglichkeiten in Betracht zu ziehen, so zu handeln, dass sie sich selbst und der anderen Person genutzt hätten. Menschen, die schädliche Drogen einnehmen, sind sich normalerweise nicht des (der) wirklichen Bedürfnisse(s) bewusst, das (die) sie zu erfüllen versuchen. Wenn sie wüssten, dass sie in Wirklichkeit vielleicht Entspannung, Entlastung, geistigen Frieden oder Zugehörigkeit brauchen, dann hätten sie sehr wahrscheinlich nach anderen Wegen gesucht, um diese aktuellen Bedürfnisse zu erfüllen. Diese wären für ihre Gesundheit und ihr Wohlergehen weniger schädlich gewesen als Drogen. In den Klassenzimmern haben wir schon viele Schüler gesehen, die andere geschlagen oder verletzende Dinge gesagt haben – aus Zorn und aus einem Mangel an Bewusstsein für ihre eigenen Bedürfnisse. Erst nachdem sie gelernt hatten, ihre Bedürfnisse nach Respekt und nach Beachtung zu erkennen und auszudrücken, was sie wirklich brauchten, änderte sich etwas.

Ein Lehrer sagt z.B. zu einem Schüler: „Ich denke, du bist einfach zu faul und deswegen hast du die Aufgabe nicht erledigt." Das Kind antwortet: „Sie sind total gemein!" Diese defensive Antwort ist die einzige Art, die dieses Kind gelernt hat, mit dem Schmerz umzugehen, der aus seinen unerfüllten Bedürfnissen nach Respekt und Verständnis erwächst. Diese Antwort macht es jedoch nicht sehr wahrscheinlich, dass seine Bedürfnisse berücksichtigt werden. Vielmehr ist zu erwarten, dass der Lehrer ihn zu einem Besuch im Büro des Schulleiters verpflichtet oder eine andere, ähnlich gelagerte Reaktion zeigt, die den Schmerz des Jungen nur noch vergrößert. Wenn der Junge aber gelernt hätte, anstelle von Beschimpfungen seine Bedürfnisse nach Respekt und Verständnis bei sich selbst zu erkennen, könnte er vermutlich auf eine Weise reagieren, die für ihn und seinen Lehrer viel zufriedenstellender wäre.

Wenn dagegen der Lehrer sich bei seiner ersten Aussage seiner Bedürfnisse bewusst gewesen wäre – vielleicht zu verstehen, was wirklich in diesem Schüler vor sich geht – hätte er seine Gefühle und Bedürfnisse möglicherweise etwa so ausgedrückt:

> „Wenn ich sehe, dass dein Projekt heute nicht fertig wird, wie du angekündigt hast, und ich sehe, dass du an etwas anderem arbeitest, bin ich irritiert und möchte gerne verstehen, was dich davon abgehalten hat, dein erstes Projekt abzuschließen?"

Wenn Lehrer lernen, ihre eigenen Bedürfnisse zu erkennen, werden sie dazu befähigt, auf eine Art und Weise zu handeln, die für sie selbst erfüllender ist. Wenn Lehrer lernen, die Bedürfnisse ihrer Schüler zu erkennen, werden sie befähigt, auch zu deren Wohl beizutragen. Und ob sie es realisieren oder nicht: Das Verhalten, das sie ihren Schülern vorleben, ist zugleich ein Modell für ihre Schüler, wie sie sich untereinander verhalten. Wenn Lehrer den Bedürfnissen der Schüler Beachtung schenken, werden auch die Schüler beginnen, untereinander den gegenseitigen Bedürfnissen Beachtung zu schenken. Dies ist dann der Anfang eines wirklich kooperativen, mitfühlenden Lernklimas.

Wenn eine gesamte Gesellschaft von Menschen lernen würde, ihre eigenen Bedürfnisse sowie die Bedürfnisse von anderen zu beachten, wären wir auf dem Weg, eine Welt zu schaffen, in der alle ihren Anliegen entsprechend leben können.

Übung:

Denken Sie an eine Gelegenheit, als Sie genau wussten, was Sie brauchten und beschlossen haben, etwas zu tun, um dieses Bedürfnis zu erfüllen.

→ Was war das Bedürfnis?

→ Was haben Sie getan, um sich das Bedürfnis zu erfüllen?

→ Wie fühlten Sie sich?

Übung:

Denken Sie an eine Gelegenheit, als Ihnen jemand erzählt hat, was ihr oder ihm helfen würde, ihr oder sein Bedürfnis zu erfüllen und Sie waren bereit und in der Lage zu helfen.

→ Was war das Bedürfnis dieser Person?

→ Was gaben Sie, um bei der Erfüllung des Bedürfnisses zu helfen?

→ Wie fühlten Sie sich? Welches Ihrer Bedürfnisse wurde erfüllt?

Voraussetzung 3:
Vielseitiger werden im Denken, Zuhören, Sprechen und Handeln, um unsere Bedürfnisse zu erfüllen

„Jenseits von richtig und falsch gibt es einen Ort. Dort treffen wir uns." – *Rumi*

Ob wir uns dessen bewusst sind oder nicht, wir haben sehr viele Möglichkeiten zu wählen, wie wir denken, sprechen, zuhören und handeln. Wenn wir uns dieser Wahlmöglichkeiten bewusst sind, können wir in zufriedenstellender Weise handeln.

Wir sind selbst verantwortlich für unsere Wahl

Wir bestimmen unsere Wahlmöglichkeiten selbst, vom Moment unserer Geburt an. In unserem Kulturkreis nehmen jedoch erst mit zunehmendem Alter und wachsender Erfahrung die Gelegenheiten zu, eigenständig zu wählen und zu entscheiden. Wenn wir jung sind, treffen Erwachsene die meisten Entscheidungen über unsere Leben. Damit wir zu Erwachsenen heranwachsen können, die in der Lage sind, verantwortliche Entscheidungen für sich selbst zu treffen, bräuchten wir viel mehr Gelegenheiten, im jungen Alter Entscheidungen über unser eigenes Leben zu treffen.

Übung:

Machen Sie sich eine Liste von den Dingen, die andere (Familie, näheres Umfeld, Regierung) für Sie auswählen.

Stellen Sie eine Liste von den Dingen zusammen, bei denen Sie die Wahl für sich selbst treffen.

Gruppenaktivität:

Bitten Sie alle in der Klasse, zwei Listen mit Antworten zu den Fragen aus der vorstehenden Übung aufzuschreiben und die Resultate untereinander auszutauschen. Was stellen Sie fest? Finden Sie heraus, was die Schüler feststellen.

Hinweis: Junge Leute können gereizt oder irritiert reagieren, wenn sie hören, dass Erwachsene über das Thema „Entscheidungen treffen und Verantwortung für Bedürfnisse übernehmen" sprechen. Sie wissen, dass Eltern, Lehrer und andere Erwachsene die meisten Entscheidungen für sie treffen, wodurch sich ihre Entscheidungsfreiheit häufig auf gerade noch zwei Möglichkeiten reduziert – sich zu fügen oder zu rebellieren. Die meisten Kinder leben inmitten einer scheinbar endlosen Anzahl von Regeln und Erwartungen, die ihnen häufig nicht als sinnvoll erscheinen. Sie können sich wohl kaum vorstellen, dass sie Kontrolle darüber erlangen, wie sie ihre eigenen Bedürfnisse erfüllen können. Sie brauchen und wünschen sich mehr Gelegenheiten, wählen zu können und Entscheidungen über ihr Leben zu treffen. Sie benötigen auch ziemlich viel Empathie für die Kluft zwischen der Selbständigkeit, die sie haben möchten, und der begrenzten Zahl von Entscheidungen, die ihnen Erwachsene zubilligen.

> Freiheit ist die Fähigkeit, zwischen einem Auslöser und der eigenen Reaktion darauf eine Pause einzulegen.
> *Rollo May*

Es gibt viele Wege, um ein Bedürfnis zufrieden zu stellen

Wir leben in einer Welt der Fülle. Für jedes Bedürfnis gibt es viele Wege oder Strategien, um es zu erfüllen. Malen, Bildhauen, Tanzen, Singen sind unterschiedliche Möglichkeiten, ein Bedürfnis nach kreativem Ausdruck zu erfüllen. Um ein Bedürfnis nach Weiterentwicklung zu erfüllen, können wir lesen, Filme ansehen, Kassetten hören, uns mit anderen besprechen oder schweigend nachdenken. Wenn wir uns Freundschaft wünschen, gibt es viele Wege, auch dieses Bedürfnis zu erfüllen.

Übung:

Denken Sie an ein bestimmtes Bedürfnis: Spiel, Respekt, Sicherheit, Weiterentwicklung etc. und schreiben Sie auf, welche unterschiedlichen Wege Sie gefunden haben, um es zu erfüllen.

Gruppenaktivität:

Jeder in der Gruppe listet auf, wie er oder sie ein bestimmtes Bedürfnis erfüllt hat (alle betrachten das gleiche Bedürfnis). Anschließend tauscht die Gruppe die Ergebnisse untereinander aus. Diskutieren Sie, zu welchem Ergebnis verschiedene Strategien geführt haben.

Übung:

Denken Sie an eine Gelegenheit, als eines Ihrer Bedürfnisse nicht erfüllt wurde.

→ Welches Bedürfnis versuchten Sie zu erfüllen?

→ Welche Strategie benutzten Sie, um es zu erfüllen?

→ Fällt Ihnen eine andere Strategie ein, die besser hätte funktionieren können?

Wir können wählen, wie wir handeln

Ich kann immer wählen, wie ich handle. Wenn es meine Absicht ist, mich ganz und gar mit dem Geben und Nehmen zu beschäftigen, dann machen Aktivitäten, die zum Erfüllen der Bedürfnisse aller Personen beitragen, viel Sinn.

Wir können wählen, wie wir denken

Genauso wie ich über mein Handeln entscheiden kann, so kann ich auch wählen, worauf ich mich konzentrieren möchte. Wenn ich mich darauf konzentriere, wer Recht hat und wer nicht, was angemessen ist und was nicht, was gut ist und was schlecht ist, verbringe ich meine Zeit damit, zu analysieren, zu urteilen, zu beschuldigen und zu kritisieren. Dies sind Gedankengänge, die das Leben weniger harmonisch ablaufen lassen und die die Aufmerksamkeit davon ablenken, unsere Bedürfnisse zufrieden zu stellen. Wenn ich denke, dass mich andere manipulieren, dass sie Nutzen aus mir ziehen, mich ignorieren, mich respektlos behandeln, dann fühle ich mich wahrscheinlich irritiert, gereizt oder verärgert. Wenn ich statt dessen in den Kategorien der menschlichen Bedürfnisse denke und mir überlege, dass die Menschen mit jeder Handlung, die sie ausführen versuchen ein Bedürfnis zu erfüllen, dann bin ich auf gutem Wege empathische Verbindungen aufzubauen.

Wir können wählen, wie wir zuhören

Ich kann immer wählen, wie ich höre und auf was ich höre. Wenn jemand aufgebracht ist und nicht seine Gefühle und Bedürfnisse ausdrückt und statt dessen eine Sprache verwendet, die nach Kritik oder Schuldzuweisung klingt, kann ich wählen, wie und was ich höre. Wenn ich das, was er sagt, als einen Angriff auf mich deute, reagiere ich defensiv, aus einer Verletzung heraus, aus Furcht oder Zorn. Wann immer ich auf meine eigene Interpretation, Kritik und/oder Schuldzuweisung (oder die anderer Menschen) höre und wann immer meine Ohren so eingestellt sind, dass ich heraushöre, wer Recht hat und wer falsch liegt, verbringe ich einen Großteil meiner Zeit damit, angespannt, gereizt und ganz allgemein aufgebracht zu sein.

Wenn ich statt dessen beschließe, meine Ohren so auszurichten, dass ich Gefühle und Bedürfnisse höre (auch meine eigenen), egal was eine Person sagt oder wie sie etwas sagt, dann bin ich sofort wieder mit meiner gebenden und empfangenden Natur verbunden.

Wir können wählen, wie wir uns ausdrücken

Ich kann immer wählen, wie ich spreche. Die Unterhaltung ist ein Weg, mich mit anderen zu verbinden und zu kommunizieren – Informationen und Erfahrungen auszutauschen, Probleme zu lösen und Ideen zu erforschen. Wenn ich mich aber in Form von Verurteilungen und Schuldzuweisungen ausdrücke, dann wird dieses Sprechen mein Denken widerspiegeln. Ein Gespräch wird sich darum drehen, wer Recht hat, wer falsch liegt, wer getadelt werden soll und wer etwas tun soll. Meine Analysen, Urteile und Beschuldigungen machen es schwer, das Lied des Herzens zu hören, das in Wirklichkeit gesungen wird.

Statt dessen kann ich einen Weg wählen zu sprechen, der den Kern meines menschlichen Interesses ausdrückt. Ich kann Informationen darüber austauschen, wie ich die Welt mit meinen Gefühlen und Bedürfnissen erfahre und was das Leben wundervoller für mich und für andere machen würde. Wenn wir auf diese Art unsere Informationen austauschen, dann spielen wir gemeinsam an dem Ort, den der mystische Dichter Rumi beschreibt:

> *Jenseits von richtig und falsch gibt es einen Ort.*
> *Dort treffen wir uns.*
> *Wenn die Seele sich dort im Gras niederlässt,*
> *dann ist die Welt zu voll, um darüber zu sprechen.*
> *Ideen, Sprache, sogar der Ausdruck „gegenseitig"*
> *machen dort keinen Sinn.*

Voraussetzung 4:
Wir können jederzeit neue Wege erlernen, Bedürfnisse zu erfüllen

„Alles ist in einem konstanten Prozess des Entdeckens und Erschaffens. Das Leben verfolgt die Absicht, herauszufinden, was uns zum Ziel führt, und nicht, was ‚richtig‘ ist." – *Margaret Wheatley*

Wenn wir an uns selbst erkennen, dass wir mit allen anderen verbunden sind, dann ist mitfühlendes Handeln die natürliche Art, etwas zu tun.
Rachel Naomi Remen

Bedürfnisse zu erfüllen ist die wichtigste Aktivität des Lebens, innerhalb oder außerhalb des Klassenraums. Jeden Tag gibt es hunderte von Gelegenheiten, unsere Fähigkeiten als Lehrerinnen anzuwenden und zu verbessern, um Schülerinnen zu helfen, ihre Fähigkeiten zu verfeinern. Mit einigen Hinweisen, ein wenig Praxis und Geduld mit uns selbst und unseren Schülerinnen ist es möglich, fortwährend neue Wege zu erschaffen, zu erfinden und zu initiieren, um Bedürfnisse zu erfüllen.

Sogar ganz kleine Kinder können Verantwortung für die Erfüllung ihrer eigenen Bedürfnisse übernehmen. Victoria teilte ihre Fähigkeiten in der Gewaltfreien Kommunikation mit einer Gruppe im Kindergarten und einige Eltern erwähnten anschließend, wie überrascht und glücklich sie waren, als sie hörten, wie ihre Kinder vom Jammern und Argumentieren dazu übergingen Ideen zu sammeln, um sich ihre eigenen Bedürfnisse zu erfüllen. Einige Eltern berichteten sogar, dass sie ihren Kindern dabei zugehört hatten, wie sie mit Geschwistern und Freunden ein Brainstorming veranstalteten, um Strategien zu finden, mit denen sie ihre Bedürfnisse erfüllen konnten.

Wir können Strategien verfeinern, um Bedürfnisse zu erfüllen

Wenn ein Bedürfnis erkannt worden ist, dann ist es möglich, sich ganz viele unterschiedliche Strategien auszudenken, um es zu erfüllen. Wenn ich z.B. jeden Tag aufs Neue beunruhigt bin, weil ich meine Schülerinnen streiten höre, kann ich feststellen, dass ich Bedürfnisse nach mehr Harmonie, Mitarbeit und Ruhe habe. Wenn ich mir dieser Bedürfnisse bewusst bin, denke ich an mögliche Strategien, um sie zu erfüllen. Eine Strategie kann sein, mit meinen Schülerinnen über ihr Verhalten und meine Bedenken zu sprechen. Eine andere Strategie kann darin bestehen, sich mit Kollegen darüber auszutauschen, was sie tun, um Harmonie unter den Schülerinnen anzuregen. Noch eine andere Strategie kann sein, ein GFK-Programm in solch einer Klasse zu beginnen.

Nehmen wir an, ich hätte mich entschieden, mit meinen Schülern über meine Bedenken zu sprechen, bin aber trotz all meiner Bemühungen nicht in der Lage, meine Bedürfnisse in einer Weise zu übermitteln, die die Harmonie und die Mitarbeit erzeugt, die ich erhofft habe. Da meine Bedürfnisse nicht erfüllt werden, habe ich die Wahl, die angewandte Strategie zu verfeinern oder eine andere zu versuchen. Weil ich weiß, dass es viele Arten gibt, Bedürfnisse zu erfüllen, kann ich fortfahren, meine Strategien zu verfeinern, bis ich Erfolg habe. Dabei werde ich mich selbst nicht harsch beurteilen und/oder eine Erwartung an mich stellen, dass es mir beim ersten, zweiten oder beim dritten Anlauf gelingen muss bzw. dass ich es „richtig" mache. Wenn ich mich langsam bewege und mir Zeit lasse zu beobachten, ob Bedürfnisse erfüllt oder nicht erfüllt werden, bin ich in der Lage, meine Strategien zu verfeinern und zu verändern, während ich mich vorwärts bewege.

Schritte, um die Verantwortlichkeit für unsere Bedürfnisse zu übernehmen

1. Die Bedürfnisse erkennen;
2. eine Strategie für die Erfüllung der Bedürfnisse wählen;
3. Ausprobieren der Strategie;
4. Auswerten der Resultate unseres Handelns und Einschätzung der Strategie;
5. Verfeinern der Strategie oder der Versuch, eine andere Strategie zu wählen.

Wir können feiern, wenn Strategien zum Ziel führen

Wenn unsere Strategien zum Ziel führen und Bedürfnisse erfüllt werden, wissen wir mehr darüber, wie wir uns um uns selbst kümmern können. Mit mehr Vertrauen in unsere Fähigkeiten können wir künftig besser weitere Strategien finden, die uns unterstützen. Das ist der Zeitpunkt zu feiern.

Wir können von Strategien lernen, die nicht zum Ziel führen.

Wenn Strategien nicht zur Erfüllung von Bedürfnissen führen, dann fühlen sich manche Menschen versucht, sie als „Fehler" zu etikettieren. Sie werden in eine Abwärtsspirale aus Selbstkritik, Selbstzweifeln und Selbstbestrafung hineingezogen. Tatsächlich ist ein Fehler eine Strategie zur Erfüllung eines Bedürfnisses, die nicht so funktioniert hat, wir es von ihr erhofft haben.

Anstatt nun ein Spiel der Selbstbeschuldigung zu spielen und unsere Fehler als schlecht zu beurteilen, können wir uns wieder mit unseren Gefühlen und Bedürfnissen verbinden und herausfinden, wie wir unsere Strategien drehen und wenden oder so verändern können, dass wir zufriedenstellendere Resultate erhalten.

Es kann helfen, sich daran zu erinnern, dass wir immer das Beste tun, was uns möglich ist, um unsere Bedürfnisse zu erfüllen. Wenn wir Angst haben, Fehler zu machen, werden wir Gelegenheiten verpassen, neue Dinge auszuprobieren. Wir fühlen uns nicht frei zu forschen, zu experimentieren und zu spielen. Anstatt uns zu beurteilen und uns dafür zu beschuldigen, dass wir Fehler begehen, kann es hilfreich sein, den Fehler zu betrauern und aus ihm zu lernen.

Um aus Fehlern zu lernen, kann ich:

Beobachten:	Was habe ich getan oder gesagt, das ich jetzt bedaure?
Wahrnehmen:	Was sage ich zu mir selbst über das, was ich getan habe? Verurteile ich mich selbst?
Fragen:	Welche Bedürfnisse habe ich zu erfüllen versucht?
Fragen:	Welche Bedürfnisse habe ich erfüllt?
Fragen:	Wie hätte ich jene Bedürfnisse effizienter erfüllen können?
Bitten:	Was möchte ich jetzt tun, um meine Bedürfnisse zu erfüllen?

Übung:

Denken Sie an einen Fehler, den Sie gemacht haben – etwas von dem Sie wünschen, Sie hätten es anders gemacht.

➜ Was haben Sie getan oder nicht getan, das Sie jetzt bedauern?

➜ Was haben Sie sich selbst über das, was Sie getan oder nicht getan haben, gesagt?

➜ Wie fühlen Sie sich jetzt in Bezug auf diesen Vorfall?

➜ Welche Bedürfnisse versuchten Sie zu erfüllen? Wie denken Sie, hätten Sie sich diese Bedürfnisse effizienter erfüllen können?

➜ Gibt es etwas, das Sie jetzt tun möchten, um diese Bedürfnisse zu erfüllen?

Voraussetzung 5:
Indem wir uns auf Bedürfnisse konzentrieren, können wir Konflikten vorbeugen, sie reduzieren und lösen

„Mitgefühl basiert auf einem geschärften Bewusstsein der gegenseitigen Verbundenheit aller lebenden Wesen." – *Thomas Merton*

→ **Bedürfnisse stehen niemals in Konflikt miteinander.**
→ **Konflikte entstehen, wenn wir denken, dass es nur einen Weg oder nur eine Person gibt, um ein Bedürfnis zu erfüllen.**
→ **Konflikte entstehen, wenn eine Strategie gewählt wurde, um ein Bedürfnis zu erfüllen, die dazu führt, dass wichtige andere Bedürfnisse nicht erfüllt werden.**

Meistens erleben Menschen Konflikte als etwas Schmerzliches, und sie möchten Wege finden sie zu verhindern, zu verringern und zu beheben. Wir können diesbezüglich etwas tun, indem wir die Anliegen und Strategien herausfinden, die für alle Beteiligten akzeptabel sind und sie umsetzen. Auf der Ebene der Anliegen/Bedürfnisse gibt es keine Konflikte. Es gibt nur unsere menschlichen Bedürfnisse, z.B. meine Bedürfnisse nach Entwicklung und Verbindung und deine Bedürfnisse nach Entwicklung und Verbindung. Es gibt meine Bedürfnisse nach Vertrauen und Respekt und deine Bedürfnisse nach Vertrauen und Respekt. Dies sind Tatsachen, die für uns beide stimmen.

Wenn also Bedürfnisse nicht die Quelle des Konflikts sind, was ist es dann? Konflikte treten auf, wenn wir denken, dass es nur einen Weg oder eine Person gibt, um ein Bedürfnis zu erfüllen. Konflikte treten auch auf, wenn die Strategie, die beschlossen wurde, um ein Bedürfnis zu erfüllen, bedeutet, dass einige andere wichtige Bedürfnisse nicht erfüllt werden – meine oder deine.

Das folgende Beispiel veranschaulicht diese beiden Quellen eines Konflikts. Stellen Sie sich vor, dass etwas in einem Klassenraum geschieht und die Lehrerin so bald wie möglich mit den Eltern einer der beiden Schülerinnen sprechen möchte. Um ihr Bedürfnis nach Verbindung und Verständigung zu erfüllen, möchte sie die Eltern anrufen und beschließt, die Schülerinnen in diesen zwanzig Minuten, die sie für den Anruf braucht, einen Aufsatz schreiben zu lassen. Die Schülerinnen haben jedoch gerade eine lange Mathematikeinheit beendet, sind müde und wünschen sich Zeit zur freien Verfügung. Weil sie glaubt, dass es nur einen Weg gibt, ihre Bedürfnisse zu erfüllen, ist die Lehrerin nicht imstande, die Gefühle und Bedürfnisse der Schülerinnen zu hören. Sie macht den Versuch, neue Strategien vorzuschlagen, um die Schülerinnen zu überzeugen, dass sie Recht hat und dass sie den Aufsatz schreiben „sollten".

Dabei verwendet sie eine Sprache, die bei den Schülern Schuldgefühle auslöst, wie zum Beispiel: „Gestern habe ich nach dem Mathematikunterricht etwas mit euch gemacht, das ihr euch gewünscht habt. Heute seid ihr an der Reihe etwas zu tun, das ich von euch möchte." Sie versucht ihnen Etiketten aufzudrücken oder sie zu beschimpfen. Sie sagt: „Ich glaube nicht, dass ihr müde seid. Ich glaube, ihr seid faul." Das wird sehr wahrscheinlich Widerstand und Irritationen auslösen. Sie versucht sogar Drohungen auszusprechen: „Wenn ihr den Aufsatz nicht schreibt, bekommt ihr schlechte Zensuren für die Mitarbeit im Unterricht. Und außerdem werdet ihr den Aufsatz als Hausaufgabe bis morgen früh zu schreiben haben." Das wird nun wahrscheinlich Angst und Zorn auslösen. In jedem Fall entsteht hier ein Konflikt, weil sie überzeugt ist, dass es nur den einen Weg gibt, ihr Bedürfnis zu erfüllen (in diesem Fall: einen Aufsatz schreiben zu lassen).

Wenn die Lehrerin dagegen einen Augenblick innehält und sich auf die Bedürfnisse ihrer Schüler sowie ihre eigenen Bedürfnisse konzentriert, dann wird sie wahrscheinlich versuchen, andere Strategien anzuwenden. So kann sie die Schüler fragen, ob sie bereit sind, zwanzig Minuten ruhig an einem Projekt ihrer eigenen Wahl zu arbeiten. Sie kann die Schüler auch bitten, sich abwechselnd gegenseitig eine Geschichte vorzulesen, während sie den Telefonanruf erledigt. Oder sie kann mit ihren Schülern gemeinsam Ideen zusammentragen, um eine andere Lösung zu finden, die die Bedürfnisse von allen zufrieden stellt. Jede dieser Strategien wäre ein Versuch, die Bedürfnisse der Schüler und ihre eigenen Bedürfnisse zu erfüllen. Die Wahrscheinlichkeit, dass eine Mitarbeit der Schüler zustande kommt, würde dadurch steigen.

Auf der Ebene der Bedürfnisse gibt es keinen Konflikt zwischen den Anliegen der Lehrerin, Zeit für Kontakt und Verständigung zu ermöglichen und dem Anliegen der Schülerinnen, dass ihre Situation berücksichtigt wird.

Konflikte zu verhindern, verringern und zu beheben baut auf einer Fähigkeit auf, sich auf Bedürfnisse zu konzentrieren und kreativ und flexibel zu sein, wenn es darum geht, Strategien zu entwickeln, die Bedürfnisse zu erfüllen.

Übung:

Denken Sie an eine Situation, in der Sie etwas getan haben, ohne sich darum zu kümmern, welche Auswirkungen Ihre Handlung auf eine andere Person hatte.

→ Was haben Sie getan?

→ Was war das Resultat?

→ Welche Ihrer Bedürfnisse wurden erfüllt?

→ Welche Ihrer Bedürfnisse wurden nicht erfüllt?

→ Welche Bedürfnisse der anderen Person wurden nicht erfüllt?

Übung:

Denken Sie an eine Situation, in der Sie Ihre Bedürfnisse aufgegeben haben.

→ Was haben Sie getan?

→ Welche Bedürfnisse haben Sie aufgegeben?

→ Wie fühlten Sie danach?

→ Wie fühlen Sie jetzt?

Gruppenaktivität:

Spielen Sie eine kleine Szene über ein Mädchen, das einem anderen Kind in der Pause den Ball wegnimmt. Besprechen Sie das Ganze mit Ihren Schülerinnen:

→ Welche Bedürfnisse erfüllte sich das Mädchen, indem es einem anderen Kind den Ball wegnahm?

→ Was geschah, nachdem sie den Ball genommen hatte? Wie fühlte sie sich?

→ Welche ihrer Bedürfnisse wurden erfüllt? Welche Bedürfnisse wurden nicht erfüllt?

→ Wie fühlte sich das Kind, das den Ball ursprünglich hatte?

→ Welche der Bedürfnisse dieses Kindes wurden nicht erfüllt?

Übung:

Denken Sie an eine Situation, in der Ihre Bedürfnisse nicht erfüllt wurden.

→ Welche Bedürfnisse versuchten Sie zu erfüllen?

→ Welche Strategie wandten Sie an, um diese Bedürfnisse zu erfüllen?

→ Können Sie sich eine andere Strategie vorstellen, die besser funktioniert haben könnte?

Die größte Freude bereiten wir uns, wenn wir herausfinden, wie wir die Bedürfnisse aller Beteiligten zufriedenstellen können

Es gibt viele Wege, Bedürfnisse zu erfüllen. Und es kann sehr viel Spaß und Erfüllung bringen, wenn wir nach Wegen suchen, sowohl unsere eigenen als auch die Bedürfnisse von anderen zu erfüllen.

Übung:

Stellen Sie sich vor, dass Sie eine neue Unterrichtseinheit für Ihre Klasse vorbereitet haben. Sie haben ziemlich viel Zeit damit verbracht, sich Aktivitäten zu überlegen, die den verschiedenen Lernstilen Ihrer Schülerinnen entgegenkommen.

➜ Welche Bilder kommen Ihnen in den Sinn?

➜ Welche Ihrer eigenen Bedürfnisse erhoffen Sie sich erfüllen zu können?

➜ Welche Bedürfnisse Ihrer Schülerinnen erhoffen Sie zu erfüllen?

➜ Welche Gefühle haben Sie, wenn Sie sich vorstellen, wie Ihre Schüler an dieser Unterrichtseinheit arbeiten?

Übung:

Stellen Sie sich ein Kind vor, das seinen Hund mit in den Unterricht bringt, um ihn vorzuführen und darüber zu erzählen.

➜ Welche Bedürfnisse konnte sie sich erfüllen?

➜ Welche Bedürfnisse der Klasse könnten erfüllt werden?

➜ Welche Bedürfnisse des Lehrers?

➜ Welche Bedürfnisse des Hundes könnten erfüllt werden?

➜ Welche Bedürfnisse konnten nicht erfüllt werden:

Für die Schüler?

Für den Lehrer?

Für den Hund?

Übung:

Denken Sie an eine besonders glückliche Zeit, die Sie mit Ihrer Klasse erlebt haben. Notieren Sie alle Bedürfnisse, die erfüllt wurden – Ihre und die der anderen beteiligten Personen.

Jeder Moment ist eine Einladung, die eigene gebende und empfangende Natur wieder zu entdecken

➜ Sie sind eingeladen, sich selbst als „Gebende" wahrzunehmen – unfassbar reich an Geschenken, die Ihnen helfen werden, Ihre eigenen Bedürfnisse und die Bedürfnisse von anderen zu erfüllen.
➜ Sie sind eingeladen, andere Menschen als Personen zu sehen, die ihr Bestes tun, um ihre Bedürfnisse zu erfüllen.
➜ Sie sind eingeladen, sich selbst als einen Menschen zu erfahren, der die Entscheidungsfreiheit darüber hat, wie er denkt, spricht, hört und wie er sich gegenüber anderen verhält.
➜ Sie sind eingeladen, Dinge zu drehen und zu wenden und auszuprobieren, Fehler zu machen und auf neue Art und Weise zu erlernen, sich selbst und anderen zu geben.

Familienmitglieder, Freunde, Kollegen und möglicherweise besonders Ihre Schülerinnen geben Ihnen unzählige Einladungen, ihre Geschenke zu empfangen und Ihre Geschenke in ihr Leben zu integrieren. Stellen Sie sich Kinder vor, die zur Schule kommen und Sie jeden Tag dazu einladen, ihre wahre Natur zu sehen. Welchen Einfluss würde das auf die Bereitschaft der Kinder haben, mit Ihnen und von Ihnen zu lernen?

Möglicherweise drückt das folgende Lied aus, wie Schüler gesehen werden möchten.

Sieh die Schönheit in mir (von Red und Kathy Grammer)[27]

Sieh die Schönheit in mir,
Such das Beste in mir.
Das ist es, wie ich wirklich bin
Und was ich wirklich sein möchte.
Es mag ein wenig dauern,
Es mag schwer zu entdecken sein,
Aber sieh die Schönheit in mir.

Sieh die Schönheit in mir,
Heute und jeden Tag:
Kannst du das Wagnis eingehen,
Kannst du einen Weg finden,
In allem, was ich tue
Mich durchscheinen zu sehen
Und meine Schönheit wahrzunehmen?

(Entnommen aus: Teaching Peace, RedNote Records, mit der Erlaubnis von Red und Kathy Grammer)

4. Die Sprache des Gebens und Nehmens neu erlernen

Die Sprache des Gebens und des Nehmens ist unsere natürliche Sprache: Sie spricht von unseren allgemeinen menschlichen Bedürfnissen und davon, was das Leben lebenswerter für uns alle machen würde. Diese Art und Weise der Kommunikation macht es einfach, einander zu geben und voneinander zu empfangen – das Leben zu genießen und zu bereichern.

Möglicherweise besteht die Lebenskraft der Menschheit aus nicht mehr oder nicht weniger als aus der leidenschaftlichen Energie, sich zu verbinden, auszudrücken und zu kommunizieren.
Rosamund Zander

Wolfssprache

Leider haben die meisten von uns diese Sprache des Gebens und Nehmens nicht gelernt. Seit Tausenden Jahren bedienen wir uns einer Sprache, die es den Menschen wirklich schwierig macht, mit Freude zu geben und zu empfangen. Es ist eine Sprache, die nur einige Bedürfnisse erfüllt und die zu einer enormen Menge an Schmerz in der Welt beiträgt, einschließlich der Konflikte, die täglich in den Klassenzimmern entstehen.

Diese Sprache hat die folgenden Eigenschaften:

Sie stempelt Menschen ab: *Du bist gemein ... . Sie ist aggressiv ... . Er ist blöd ... . Ich bin faul ... .*
Sie urteilt: *Ich habe Recht ... . Du hast Unrecht ... . Wir sind gut ... . Ihr seid schlecht ... .*
Sie beschuldigt: *Es ist ihr Fehler ... . Sie sollten das ... haben. Ich sollte bestraft werden ... .*
Sie verschweigt Wahlmöglichkeiten: *Du musst ... . Ich kann nicht ... . Sie machen mich ... .*
Sie stellt Forderungen: *Wenn du das nicht tust, was ich will, wird es dir Leid tun.*

Spaßeshalber nennen wir diese Sprache „Wolfssprache", weil der Wolf (metaphorisch) nahe am Boden lebt. Sein Ausblick ist auf das begrenzt, was sich gerade vor ihm abspielt. Menschen, die die Wolfssprache sprechen, sehen nicht, dass sie Wahlmöglichkeiten haben und häufig kennen sie nur einen einzigen Weg, um ihre Erfahrungen zu verarbeiten: Sie „gehen nach oben" in den Kopf, wo sie darüber nachdenken, wer gut ist und wer böse ist, wer Recht hat und wer Unrecht hat und wer angeklagt werden soll. Wolfssprache hat kein Vokabular für Gefühle und Bedürfnisse. Das Innenleben wird kaum wahrgenommen und selten ausgedrückt. Diese Sprache übermittelt nur Gedanken, Überzeugungen und Meinungen. Anstatt uns zu erlauben, ein Spiel des Gebens und des Nehmens zu spielen, verewigt die Wolfssprache ein Spiel des Beschimpfens, der Vorurteile und des Beschuldigens.

Mit dem ganzen Kritisieren, Abstempeln, Beschuldigen und Fordern bereitet das Sprechen der Wolfssprache nicht sehr viel Spaß; dennoch ist es für viele von uns die einzige Sprache, die wir kennen. Im Laufe der Zeit ist die Wolfssprache so verinnerlicht worden, dass wir uns dabei ertappen, auf diese Art zu kommunizieren, bevor wir überhaupt erkennen/wissen, was geschieht. Wir tun dies, selbst wenn wir immer und immer wieder sehen, das die Anwendung der Wolfsprache uns nicht das bringt, was wir uns wünschen oder gar die Situation noch verschlimmert.

> Unsere Sprechgewohnheiten sind der Kern unserer Vorstellungen von der Welt.
> *Neil Postman*

Glücklicherweise entdecken immer mehr Leute die Sprache des Gebens und des Nehmens/Empfangens wieder und frischen ihre Kenntnisse auf. Mit dieser Sprache können zerstörerische, lebensentfremdende Wolfsaussagen in lebensdienliche Botschaften übersetzt werden, die zur Erfüllung von Bedürfnissen beitragen.

Die Sprache des Gebens und des Nehmens hat viele Namen: Gewaltfreie Kommunikation, Einfühlsame Kommunikation und Sprache des Herzens. Zum Spaß wird sie auch Giraffensprache genannt.

Hinweis: Gewaltfreie Kommunikation wird manchmal Giraffensprache genannt. Die Verwendung des Bildes und der Bezeichnung „Giraffe" durch das CNVC hat nichts mit dem Giraffen-Projekt zu tun, einer eigenständigen Organisation, die ihre eigenen Trainings und pädagogischen Materialien anbietet.

Giraffensprache

Die Giraffe symbolisiert die Sprache des Gebens und des Nehmens. Sie wurde aus den folgenden Gründen gewählt:

➜ Giraffen haben das größte Herz aller Landtiere und diese Sprache bedeutet, dass wir uns mit unseren Herzen verbinden, d.h. mit unseren Gefühlen und Bedürfnissen.

➜ Giraffen sind so groß, dass sie einen ungewöhnlichen Vorteil haben: Sie haben eine ausgedehnte Perspektive und erkennen daher viele Wege, wie sich Bedürfnisse erfüllen lassen. Giraffen sind nicht blockiert, weil sie denken, dass es nur einen Weg gibt, eine Situation zu betrachten. Mit ihrer Fähigkeit, in die Ferne zu schauen, sehen sie die Auswirkungen ihrer Entscheidungen – in der Gegenwart und in der Zukunft.

➜ Giraffen sind bereit „Farbe zu bekennen", zu sagen, was in ihrem Inneren vorgeht und nach dem zu fragen, was sie möchten. Dieses macht sie verletzbar gegenüber Vorwürfen, eigennützig oder egoistisch zu sein. Aber Giraffen „bekennen auch Farbe" in der Sorge um andere und hören, was in ihnen vor sich geht. Dieses erfordert den Mut, offen zu sein, zuzuhören, was andere sagen und zu hören, wie sie auf das reagieren, was wir sagen.

➜ Schließlich gehören zu einer Giraffenperspektive eine Vision und ein großes Herz – die Integration des Denkens und des Fühlens.

Viele Lehrerinnen dieser Sprache setzen Giraffen- und Wolfshandpuppen und -ohren ein, um die zentralen Unterschiede in den Mustern des Denkens, Sprechens und Handelns zu erklären. Die Handpuppen und Ohren können auch als visuelle Zeichen in Rollenspielen dienen. Außerdem tragen sie zum Lernprozess bei, indem sie Spaß und Gelächter hervorrufen.

Wir haben herausgefunden, dass sich kleine Kinder und Erwachsene gleichermaßen für die Giraffe als Symbol für das Erlernen dieser Sprache begeistern. Nichtsdestotrotz halten Menschen im Alter zwischen 10 und 18 Jahren sie für etwas „kindisch". Wenn Sie selbst mit dieser Sprache immer vertrauter werden und sie zu Ihrer eigenen machen, werden Sie herausfinden, wie Sie die Vermittlung an die jeweiligen Altersstufen unterschiedlicher Gruppen und Kulturen anpassen können.

Um es einfacher zu machen und weil es Spaß macht, verwenden wir in diesem Buch den Ausdruck Giraffensprache, wenn wir über unsere natürliche menschliche Sprache des Gebens und des Nehmens sprechen, und wir setzen den Ausdruck Wolfssprache ein, um über unsere gewohnheitsmäßige Sprache des Beschimpfens und Beurteilens zu sprechen.

Anmerkung (zur Vorsicht): Machen Sie sich bei der Anwendung von Giraffen- und Wolfs-Metaphern klar, dass sich diese Bezeichnungen auf unterschiedliche Denkansätze beziehen und es keine Etiketten für unterschiedliche Arten von Menschen sind. Wir alle sind dazu fähig, die Kostbarkeit menschlicher Bedürfnisse zu übersehen und in das Wolfsdenken, -hören und -reden zu verfallen. In Wahrheit gibt es keine Wölfe oder Giraffen. Es gibt nur Menschen, die in jedem Moment ihr Bestes tun, um ihre Bedürfnisse zu erfüllen.

Giraffensprache hilft uns:
➜ gleiches Interesse für unsere eigenen Bedürfnisse und die Bedürfnisse von anderen zu zeigen;
➜ zu hören, was in uns selbst und in anderen vor sich geht;
➜ zu sagen, was wir beobachten.

Giraffensprache zu erlernen ist in vielerlei Hinsicht mit dem Erlernen einer Fremdsprache vergleichbar: Studium und Übung sind nötig, um im Laufe der Zeit eine Gewandtheit zu entwickeln. Vielleicht haben wir zunächst das Gefühl, als sei unsere Zunge gelähmt und unbeholfen. Vielleicht bezweifeln wir auch manchmal, dass wir die Sprache jemals wirklich erlernen werden. Dennoch erhöht selbst die geringste Kenntnis einer Fremdsprache unsere Fähigkeit, uns zu verbinden. Sogar erste, unbeholfene Versuche, die Giraffensprache zu benutzen, vergrößern im Herzen gefühlte Verbindungen.

Alte Gewohnheiten des Denkens, des Hörens und des Sprechens zu ändern erscheint uns oft als schwierig und herausfordernd. Doch es gibt viele Beispiele, die zeigen, dass es möglich ist. Ihre Motivation und Hoffnung wachsen, wenn Sie sehen, wie die Giraffensprache sofortigen und lang anhaltenden Nutzen bringt. Dazu gehören:
➜ Klarheit über das, was uns wichtig ist;
➜ tiefere Verbindungen zu uns selbst und zu anderen;
➜ ehrliche Kommunikation;
➜ mehr Zusammenarbeit, Verständnis und Respekt;
➜ erhöhte Verantwortlichkeit für uns selbst;
➜ größeres Gespür für unsere „Lebendigkeit";
➜ erhöhte Wissbegierde.

Welches Spiel möchtest du spielen?

☐ **Das Spiel des Gebens und des Nehmens**	☐ **Das Spiel des Beschimpfens und Beurteilens**
Ziele	
Das Leben wunderbar zu machen	Recht behalten
Die Bedürfnisse aller zufrieden zu stellen	Bekommen, was ich will
Gemeinschaft zu stiften und mit anderen gemeinsame Energie zu spüren	Eine Hierarchie aufbauen und Macht über andere haben
Motivation	
Freude	Furcht, Schuld, Scham, Zwang, Pflicht
Erfüllen von Bedürfnissen	
Strategien	
Giraffensprache sprechen	*Wolfssprache sprechen*
Beobachten: sehen und hören	Urteilen und analysieren
Meine Gefühle und Bedürfnisse mit anderen teilen	Beschuldigen und kritisieren
Bitten äußern	Forderungen aufstellen, Bestrafungen und Belohnungen einsetzen
Mit Empathie zuhören	*Zuhören ohne Mitgefühl*
Gefühle und Bedürfnisse hören	Zustimmen oder widersprechen Ratschläge geben Vorträge halten ausschimpfen streiten sympathisieren ablenken

Auf den folgenden Seiten sprechen wir über die Intention, die Dankbarkeit und über die vier grundlegenden Bestandteile der Giraffensprache. Dieses ist eine kurze Einleitung für Leser, für die die Gewaltfreie Kommunikation neu ist, und eine nützliche Auffrischung oder Möglichkeit nachzuschlagen für diejenigen, die bereits mit diesem Kommunikationsprozess vertraut sind. Für eine umfassendere Erläuterung der Giraffensprache empfehlen wir, das Buch *Gewaltfreie Kommunikation – Eine Sprache des Lebens* von Marshall B. Rosenberg zu lesen. Um diese Sprache wirklich zu erlernen und zu üben, schlagen wir vor, dass Sie an Seminaren und Trainings der Gewaltfreien Kommunikation und an Übungsgruppen teilnehmen. (Weitere Informationen finden Sie unter: www.cnvc.org oder www.gewaltfrei.de.)

> Wenn du erkennst, dass alle Menschen den gleichen Wunsch nach Glück haben und das gleiche Recht, ihn zu erfüllen wie du, fühlst du automatisch Empathie und Nähe für sie ... Wirkliches Mitgefühl ist nicht eine emotionale Antwort, sondern eine feste Verpflichtung, die auf Vernunft gegründet ist.
> *Der Dalai Lama*

Intention

Kommunikation besteht zu 90% aus Intention. Die Giraffensprache verfolgt die Absicht, dass wir uns mit uns selbst und anderen verbinden, und dass wir uns in einem Dialog engagieren, um einen Weg zu finden, die Bedürfnisse von allen Beteiligten zu erfüllen. Unsere Worte können ein machtvoller Weg sein, eine Verbindung mit anderen aufzubauen. Ohne eine klare und bewusste Absicht jedoch kann sogar die ausgefeilteste Formulierung hohl klingen.

Wenn es die Absicht ist, von Herzen zu geben und zu nehmen, versuchen wir mit dem in Verbindung zu bleiben, was in uns in jedem Moment lebendig ist. Gleichzeitig möchten wir mit den Gefühlen und Bedürfnissen der anderen Menschen in Verbindung bleiben.

Übung:

→ Beschreiben Sie Ihre Absichten in Ihren eigenen Worten: Was möchten Sie in Ihren Beziehungen erreichen?

Sich an die eigenen Absichten erinnern

Es gibt viele Arten, sich mit unseren Absichten zu verbinden und sie zu nähren:
Sich morgens einen Moment Zeit nehmen, um sich vor dem Tagesanfang daran zu erinnern;
mitten in einer intensiven Interaktion tief durchatmen und sich selbst Einfühlung geben;
sich in der Natur aufhalten;

inspirierende Bücher lesen;

meditieren;

beten;

singen;

tanzen;

schreiben;

zeichnen;

malen, usw.

Immer dann, wenn wir uns an unserer Absicht ausrichten, öffnen sich unsere Herzen und wir fühlen natürlicherweise mehr Mitgefühl für uns selbst und andere.

Übung:

Wie können Sie sich an Ihre Absichten erinnern? Nennen Sie Beispiele.

Dankbarkeit ist das Gedächtnis des Herzens.
Französisches Sprichwort

Dankbarkeit

„Je mehr du ein Kenner der Dankbarkeit wirst, desto weniger wirst du ein Opfer des Grolls, der Depression und der Verzweiflung. Dankbarkeit dient als ein Elixier, das stufenweise die harte Schale deines Egos auflösen wird – deinen Wunsch nach Besitz und Kontrolle – und sie wird dich in ein großzügiges Wesen verwandeln. Der Sinn für Dankbarkeit erschafft eine wahrhaft spirituelle Magie, die das Herz groß und die Seele weit macht." – *Sam Keen*

Dankbarkeit ist ein anderer Weg, sich mit unserer Absicht zu verbinden. Wenn wir an die Geschenke denken, die wir gegeben haben und an die Geschenke, die wir erhalten haben, versorgen wir uns mit Nahrung für das Herz und den Verstand.

Übung:

→ Was berührt Ihr Herz?

→ Wofür sind Sie dankbar?

Diagramm des Kommunikationsflusses

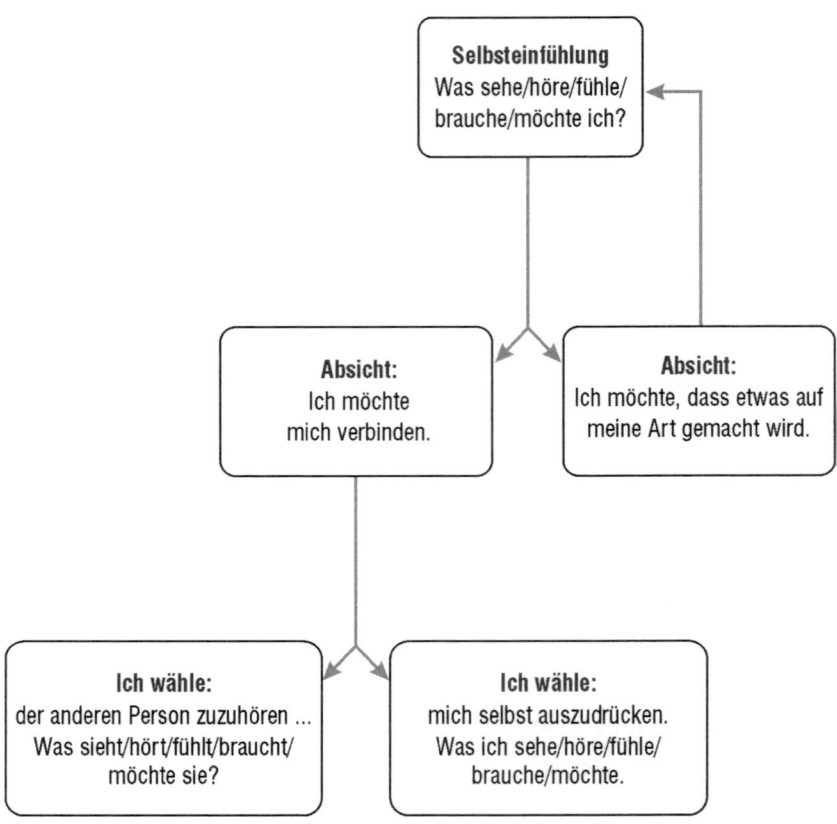

Der Kommunikationsfluss

In jeder Interaktion gibt es mindestens drei mögliche Punkte der Verbindung zum Leben: Ich kann wählen, meinen eigenen Gefühlen und Bedürfnissen einfühlsam zuzuhören. Ich kann den Bedürfnissen und Gefühlen anderer Menschen mit Einfühlung zuhören. Oder ich kann wählen, meine Gefühle und Bedürfnisse auszudrücken.

Wenn ich mich mit anderen in Giraffensprache austausche, dann engagieren wir uns in einem Prozess des Vor und Zurück (Gebens und Nehmens) von Aussprechen und Zuhören. Es gibt vier Arten von Informationen, die wir hier betrachten – egal ob wir etwas ausdrücken oder jemandem zuhören: Beobachtungen, Gefühle, Bedürfnisse und Bitten (siehe Zeichnungen auf der nächsten Seite.) Diese Bestandteile der Giraffensprache werden Schritt für Schritt auf den folgenden Seiten erläutert.

Zu den einzigartigen Merkmalen der Giraffensprache gehört, dass eine einzige Person, die sie kennt, ausreicht um Verstehen und Verbindung in der Kommunikation zu verbessern.
Marshall Rosenberg

Wenn wir uns auf Beobachtungen, Gefühle, Bedürfnisse und Bitten konzentrieren, dann gehen wir effektiv den Gefahren aus dem Weg, die von Kritik, Beurteilungen, Anschuldigungen und Forderungen ausgehen. Alle diese Elemente der Wolfssprache können 1. ein Gespräch schnell entgleisen lassen, 2. uns weit von unserer im Herzen gefühlten, bedeutsamen Verbindung mit der anderen Person wegbringen und 3. die Möglichkeiten reduzieren, dass die Bedürfnisse aller Beteiligten zufrieden gestellt werden.

In jedem Dialog gibt es eine Art von Verkehrsfluss: Manchmal drücken wir etwas aus und manchmal hören wir zu. Es ist hilfreich, die Richtung des Verkehrs zu erkennen und festzustellen, wessen Bedürfnisse am meisten drücken. Wenn beide Menschen in einem Gespräch sich zur gleichen Zeit ausdrücken, dann gibt es einen Verkehrsstau und weder die eine noch die andere Person werden zu ihrer Zufriedenheit gehört. Wenn wir die Giraffensprache lernen und üben, entwickeln wir die Fähigkeiten, den Kommunikationsfluss zu beobachten, die im Moment aktuellen Bedürfnisse einzuschätzen und ein Gefühl für den Rhythmus des Sprechens und Zuhörens zu erspüren.

Viele Menschen beschreiben einen Giraffendialog oft als: „einen schönen Tanz von Verbindung", „im Fluss des Lebens schwimmen" und „Anmut". Um diesen Tanz zu tanzen müssen wir unsere Erwartungen hinsichtlich des Ausgangs eines Gesprächs aufgeben und darauf vertrauen, dass bei einem solchen Prozess Strategien entwickelt werden, durch die die Bedürfnisse aller zufrieden gestellt werden können. Wir wissen niemals im Voraus, welche Form diese Strategien annehmen werden.

Wie sich eine Giraffe ausdrückt

Ich sage so ehrlich wie ich kann: meine Beobachtungen,
Gefühle, Bedürfnisse und Bitten.

Beobachtungen Ich sage, was ich sehe
und höre.
Wenn ich höre, ...

Gefühle Ich sage, wie ich mich
fühle.
fühle ich ...

Bedürfnisse Ich sage, was ich
brauche.
weil ich ... brauche.

Bitten Ich frage nach dem,
von dem ich annehme,
dass es meine Bedürfnisse
zufrieden stellt.
*Jetzt im Augenblick
würde ich gerne ... .
Wärest du bereit, mir ... .*

Wie eine Giraffe zuhört/Empathie

Ich rate so gut es mir möglich ist: deine Beobachtungen,
Gefühle, Bedürfnisse und Bitten.

Ich rate, was du siehst **Beobachtungen**
und hörst.
Wenn du ... siehst/hörst, ...

Ich rate deine Gefühle. **Gefühle**
fühlst du dich ...

Ich rate deine **Bedürfnisse**
Bedürfnisse.
weil du ... brauchst?

Ich vermute, was dir **Bitten**
helfen könnte, um deine
Bedürfnisse zufrieden
zu stellen:
Jetzt im Augenblick
würdest du gerne ...?

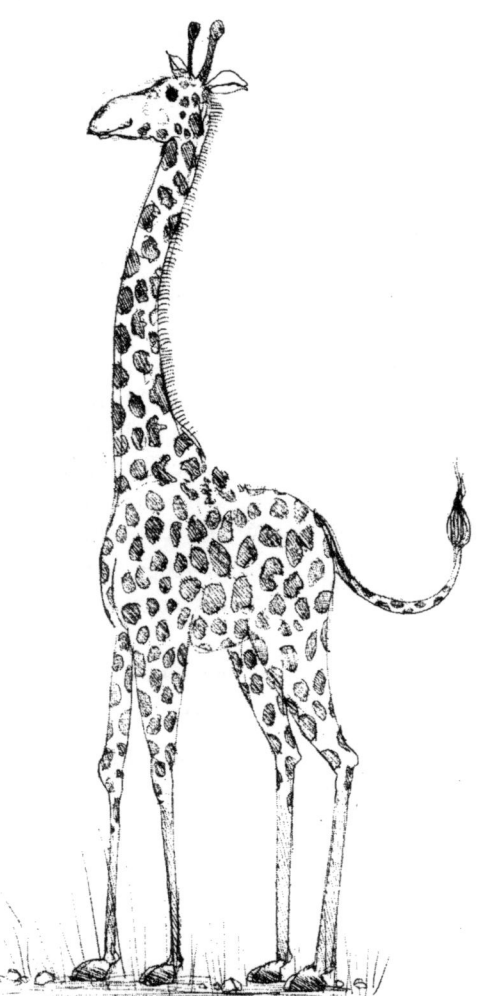

Schritt Eins: Beobachtungen

Kernpunkte:

→ Wir beschreiben sehr klar, was wir sehen, hören, fühlen, erinnern – ohne Bewertungen einzuflechten.

→ Wir beschreiben etwas, auf das wir reagieren, so objektiv als würden wir durch die Linse einer Videokamera schauen.

→ Bewertungen, Verurteilungen oder Interpretationen, vermischt mit unseren Beobachtungen, werden sehr wahrscheinlich bei einer anderen Person ein defensives Verhalten hervorrufen.

Die erste Komponente der Gewaltfreien Kommunikation bringt eine Trennung von Beobachtungen und Bewertungen mit sich. Dazu müssen wir ganz klar beobachten, was wir sehen, hören oder berühren, das unser Wohlbefinden beeinträchtigt, ohne dass wir diese Aussage mit irgendeiner Bewertung vermischen.
Marshall Rosenberg

Beispiel:

Wenn ich sage: „Du bist so rüpelhaft", dann wird die andere Person das vermutlich als eine Kritik hören. Wenn ich statt dessen aber sage: „Als ich heute morgen ‚Hallo' zu dir sagte, hast du in eine andere Richtung geschaut", dann wird die andere Person meiner Beobachtung eher zustimmen und bereit sein, mehr von mir zu hören.

→ Wenn wir eine Sprache der Beobachtung verwenden, dann machen wir einen ersten Schritt hin zu einer Verbindung mit der anderen Person und bahnen den Weg zu einer Weiterführung des Dialogs.

→ Wenn wir Schülern unsere Beobachtungen als Feedback geben, dann geben wir ihnen konkrete Informationen, um zu ihrem Lernen beizutragen.

Beispiele: Stellen Sie sich vor, wie Sie sich fühlen würden, wenn Sie einer der folgenden Aussagen zuhören würden:

Deine Arbeit ist schlampig. (Bewertung)
Ich sehe eine Anzahl von Flecken auf den Rändern deines Papiers. (klare Beobachtung)

Du bist ein schrecklicher Zuhörer. (Beurteilung)
Ich sehe, dass du in dein Buch schaust, während ich zu dir spreche. (klare Beobachtung)

Du bist so unhöflich. (Beurteilung)
Als ich heute auf dich zugelaufen bin, bist du in die andere Richtung davon gelaufen. (klare Beobachtung)

Du bist verantwortungslos. (Beurteilung)
Du hast diese Woche zweimal gesagt, dass du deine Hausaufgaben gemacht hättest. Ich habe sie jedoch nicht bekommen. (klare Beobachtung)

Wenn Lehrer und Lehrerinnen Tag für Tag Beobachtungen verwenden anstatt zu beurteilen, dann werden die Schüler und Schülerinnen diesen ersten Schritt der Giraffensprache lernen: Wie macht man klare Beobachtungen? (Wie Schüler und Schülerinnen das Beobachten üben können, siehe Kapitel 5.)

Zu beobachten ohne zu urteilen ist die höchste Form menschlicher Intelligenz.
J. Krishnamurti

Schritt 2: Gefühle

Gefühle beziehen sich auf innere Erfahrungen oder Emotionen, die verbunden sind mit Bedürfnissen. Wenn Bedürfnisse erfüllt werden, erfahren wir angenehme Gefühle, wie zum Beispiel „glücklich", „sich freuen", „entspannt", „zufrieden". Wenn Bedürfnisse nicht erfüllt werden, erfahren wir schmerzhafte Gefühle wie zum Beispiel „aufgeregt", „traurig", „ängstlich", „frustriert".

Kernpunkte:

→ Gefühle können sehr einfach ausgedrückt werden, schon mit drei Worten. Zum Beispiel: „Ich bin traurig.", „Ich bin beunruhigt.", „Ich bin aufgeregt.", „Ich bin glücklich.".

→ Alle Gefühle sind „in Ordnung"; in der Tat sehen wir sie als hilfreiche Botschafter, die uns etwas über unsere Bedürfnisse sagen. Wenn wir aufgebracht sind, dann wissen wir, dass wichtige Bedürfnisse von uns nicht zufrieden gestellt sind. Wenn wir Angst haben, brauchen wir Sicherheit. Wenn wir uns zufrieden fühlen, wissen wir, dass unsere Bedürfnisse zufrieden gestellt sind.

→ Wir übernehmen die Verantwortung für unsere Gefühle, indem wir sie auf eine Art ausdrücken, die ihre Verbindungen zu den Bedürfnissen zeigen:
Ich fühle mich entspannt, weil ich Verständnis brauchte und es bekommen habe.
Ich bin aufgebracht, weil mein Bedürfnis nach Rücksicht nicht zufrieden gestellt ist.
Hast du Angst, und hättest gerne eine Zusicherung, dass du sicher bist?

→ Wenn wir erkennen, dass Gefühle durch unsere Bedürfnisse verursacht werden, dann gewinnen wir an Stärke. Wenn wir im Gegensatz dazu denken, dass unsere Gefühle durch die Handlungen anderer verursacht werden, dann werden wir wahrscheinlich glauben, dass wir hilflose Opfer sind.
Einige sehr verbreitete Ausdrücke in der Wolfssprache sind:
Ich bin aufgebracht, weil *du* ...
Er macht mich glücklich.
Sie irritiert mich.

Wenn Lehrer und Lehrerinnen die GFK-Gefühlsprache verwenden und zwischen Gedanken und Gefühlen unterscheiden, dann werden die Schülerinnen auf ganz natürliche Weise ein Gefühlsvokabular entwickeln und sehr wahrscheinlich ihre Gefühle viel bereitwilliger aussprechen. (Wie Schüler und Schülerinnen das Ausdrücken von Gefühlen und das Hören von Gefühlen üben können, siehe Kapitel 5.)

Als Gefühle verkleidete Gedanken

Während Gefühle eine grundlegende Komponente der Giraffensprache sind, sind sie in der Wolfssprache nahezu abwesend. Wolfssprache ist vom Kopf gesteuert und umschifft die Ansprüche und die Verletzlichkeit des Herzens. Statt dessen konzentriert sie sich fast ausschließlich auf Gedanken, Meinungen und Urteile. Immer wieder sind diese Aussagen in Gefühlssprache formuliert, was zu Missverständnissen und zu Konfusion führt. Ein Beispiel: „Mein Gefühl ist, dass das unfair ist." Unfair ist kein Wort, das ein Gefühl beschreibt; es ist ein Gedanke, der eine Beurteilung ausdrückt. Den folgenden Beispielen der Wolfssprache können wir nicht entnehmen, wie sich die sprechende Person wirklich fühlt, obwohl sie das Wort „fühlen" verwendet:

> Ich fühle, dass du gemein bist.
> Ich fühle mich, als sei ich bedeutungslos.
> Ich fühle, dass das nicht richtig ist.

> Das Herz ist der wichtigste Bestandteil eines funktionierenden Gehirns.
> *Frank Lloyd Wright*

In jeder der vorstehenden Aussagen wäre es zutreffender gewesen, den Ausdruck „Ich fühle" durch die Worte „Ich denke" zu ersetzen.

Selbst wenn in den nachfolgenden Sätzen das Wort „fühlen" verwendet wird, werden tatsächlich ein Gedanke, ein Urteil oder eine Beurteilung ausgesprochen:

> Ich fühle mich, als ob ...
> Ich fühle, dass ...
> Ich fühle mich wie ...
> Ich fühle, du bist ... (gilt ebenso für: ich bin, er/sie/es ist, wir sind, ihr seid, sie sind ...)
> Ich fühle, du tust, handelst, machst ... (gilt ebenso für: ich, er/sie/es, wir, ihr, sie ...)

Falsche Gefühle

Viele Aussagen, die üblicherweise mit dem Ausdruck „Ich fühle ..." eingeleitet werden, sind tatsächlich Bewertungen oder Interpretationen darüber, wie sich jemand anderes gerade uns gegenüber verhält. Einige dieser falschen Gefühle sind:

> abgewertet, akzeptiert, angegriffen, ausgelassen, bedroht, beleidigt, benutzt, beschuldigt, eingeschüchtert, fallen gelassen, getäuscht, herablassend behandelt, ignoriert, in die Enge getrieben, kritisiert, manipuliert, missverstanden, reingelegt, runtergemacht, schlecht gemacht, ungehört, ungesehen, unter Druck gesetzt, unterdrückt, unwichtig, verkauft, verlassen, vernachlässigt, verraten, widerlegt, zerrissen, zerstört, zurückgewiesen.

Ärger

Ärger ist eine rote Flagge, die signalisiert, dass ich einige wichtige Bedürfnisse habe, die nicht erfüllt sind. Ärger zeigt an, dass ich Gefühle (normalerweise Furcht oder Schmerz) mit verurteilenden Gedanken vermische. Unsere Gedanken über das, was andere „sollten" oder „müssten" verursachen Ärger. Gedanken über das, was wir (selbst) „sollten" oder „müssten" führen in die Depression.

Stehe zu deinem Ärger und verwende ihn als Dünger für deinen Garten.
Thich Nhat Hanh

Wenn ich ärgerlich bin, kann ich drei Botschaften hören:
1. Es gibt etwas, das ich mir sehr wünsche und nicht erhalte.
2. Ich sage mir selbst, dass ich es haben sollte oder dass es mir jemand geben sollte.
3. Ich bin auf dem besten Weg, mich so zu benehmen, dass ich garantiert meine Bedürfnisse nicht erfüllt bekommen werde.

Ärger in Giraffensprache ausdrücken

Mein Ziel ist nicht, meinen Ärger zu unterdrücken, zu kontrollieren oder zu verwalten oder mich selbst dafür zu verurteilen, dass ich mich ärgere. Statt dessen möchte ich vom Ärger lernen und in der Lage sein, ihn in einer Weise auszudrücken, die meine Bedürfnisse auf die beste Art erfüllt. Dafür kann ich fünf Dinge tun:
1. tief durchatmen;
2. mir Zeit nehmen zu beobachten, was in meinem Körper geschieht;
3. die andere Person aus der Verantwortlichkeit für meine Gefühle befreien;
4. die beschuldigenden Gedanken zur Kenntnis nehmen, die die Ursache meines Ärgers sind: Ich bin verärgert, weil ich denke, dass sie soll/er soll/ich soll ...;
5. die Gefühle und die Bedürfnisse, die dem Urteil zugrunde liegen, erkennen und ausdrücken: Ich bin aufgebracht, spüre Schmerz, habe Angst, weil mein Bedürfnis nach ... nicht erfüllt wird.

Liste der Gefühle

Gefühle, wenn Bedürfnisse erfüllt sind:	Gefühle, wenn Bedürfnisse nicht erfüllt werden:
sich wohl fühlen, ausgefüllt, erfüllt, unbefangen, mit Leichtigkeit, mit Mühelosigkeit, entspannt, sicher	**unwohl**, unbehaglich, reizbar, unsicher, unglücklich, elend, peinlich berührt, verlegen
erholt, erfrischt, mit neuer Energie, munter, hellwach, entspannt, lebendig, stark	**müde**, erschöpft, schläfrig, stumpf, schwach, nebelig, tot
interessiert, neugierig, aufgeregt	**uninteressiert**, gelangweilt, öde, ätzend
froh, glücklich, hoffnungsvoll, dankbar, hocherfreut, begeistert, aufgedreht, fröhlich, vergnügt	**traurig**, unglücklich, enttäuscht, schwer, einsam, trostlos, mies, bedrückt
friedvoll, ruhig, klar, zufrieden	**nervös**, besorgt, irritiert, angespannt
liebend, verbunden, warm, offen, zart, freundlich, liebevoll	**wütend**, ärgerlich, gereizt, frustriert, aufgeregt, aufgebracht, feindlich
dankbar, anerkennend, angenehm	**verärgert**, enttäuscht, bitter
spielerisch, scherzhaft, abenteuerlich, lebendig, inspiriert, angespornt, eifrig	**erschrocken**, ängstlich, zögernd, entsetzt, besorgt, blockiert

Diese Liste der Gefühle ist ein Hilfsmittel zur Erweiterung und Anreicherung eines Gefühlsvokabulars. Wir schlagen vor, dass Sie und Ihre Klasse weitere Begriffe hinzufügen. Für eine umfangreichere Liste der Gefühlsworte schauen Sie bitte im Buch *Gewaltfreie Kommunikation: Eine Sprache des Lebens* von Marshall Rosenberg oder in der Liste von Gefühlsbegriffen unter: www.cnvc.org oder www.gewaltfrei.de nach.

Schritt 3: Bedürfnisse

„Bedürfnisse" ist das Wort, das wir in der Giraffensprache benutzen, um zu beschreiben, was uns physisch, emotional, geistig, zwischenmenschlich und spirituell grundlegend motiviert. Bedürfnisse und die Gefühle, die aus ihnen entstehen, sind von Moment zu Moment Ausdruck dessen, wie sich das Leben durch und in uns bewegt.

Kernpunkte:

→ Während sich unsere Kulturen, Gewohnheiten, Sprachen und Glaubensvorstellungen unterscheiden, haben wir alle die gleichen menschlichen Bedürfnisse.

→ Um auf unserem Planeten Erde überleben zu können, brauchen wir Wasser, Luft, Nahrung und Schutz.

→ Zusätzlich zu den überlebenswichtigen Bedürfnissen haben wir andere Bedürfnisse, die zu unserem Wohlergehen beitragen und die uns helfen zu „gedeihen". Einige dieser Bedürfnisse sind: Unterstützung, Liebe, Wertschätzung, Verständnis, Ehrlichkeit, Autonomie, Freundschaft, Entwicklung und Freude.

→ Wenn wir unsere Bedürfnisse erkennen und ausdrücken, wächst die Wahrscheinlichkeit, Wege zu ihrer Erfüllung zu finden.

→ Wenn wir anderen von unseren Bedürfnissen erzählen, sprechen wir eine allgemeine menschliche Sprache und bauen Verbindung, Verständnis und Mitgefühl auf.

→ Wenn wir uns um die Bedürfnisse von anderen so kümmern wie um unsere eigenen Bedürfnisse, erhöhen wir die Wahrscheinlichkeit, dass andere uns frohen Herzens geben werden.

Zwischen Bedürfnissen und Strategien unterscheiden

Kernpunkte:

→ Wenn wir ein Bedürfnis erkannt haben, können wir ein Brainstorming durchführen und anschließend die Strategien auswählen, welche am ehesten das Bedürfnis zufrieden stellen können.

→ Bedürfnisse sind nie die Quelle eines Konflikts. Konflikte entstehen, wenn wir auf bestimmte Strategien festgelegt sind. Wenn wir auf eine Strategie gesetzt haben und diese befolgen, könnten wir einen inneren Konflikt erleben, weil dann vielleicht eines unserer anderen wichtigen Bedürfnisse nicht zufrieden gestellt ist. Wir geraten auch in einen Konflikt, wenn wir auf eine Strategie festgelegt sind und jemand anderes auf eine andere Strategie eingeschworen ist, die der unseren widerspricht.

→ Wir können andere Wörter für Bedürfnis verwenden, wie: Anliegen, Wünsche, Werte, Verlangen, Hoffnungen, Träume oder Sehnsüchte – solange wir zwischen unseren Bedürfnissen und den spezifischen Strategien unterscheiden, die wir bei unseren Versuchen anwenden, diese zu erfüllen.

Beispiele:

Bedürfnis: Ich schätze Ehrlichkeit.
Strategie: Ich frage meinen Schüler, ob er bereit ist, mir zu erklären, was er an der Klasse nicht mag.

Bedürfnis: Ich möchte Wertschätzung.
Strategie: Ich frage die Schülerinnen, ob sie ihr Bestes tun würden, um beim Klingelzeichen an ihren Plätzen zu sein.

Bedürfnis: Ich hätte gerne Respekt.
Strategie: Ich frage meine Schüler, ob sie bereit wären, miteinander und mit mir darüber zu sprechen, welches Verhalten ihr und mein Bedürfnis nach Respekt erfüllt.

Wenn sich Lehrer in Form von Bedürfnissen ausdrücken und Bedürfnisse von den Strategien trennen, sind die Schülerinnen sehr wahrscheinlich bereit, mehr Verantwortung für das Erfüllen ihrer Bedürfnisse zu übernehmen. (Um mehr über Bedürfnisse zu erlernen, siehe Kapitel 3; in Kapitel 5 finden Sie Aktivitäten, die den Schülerinnen helfen, ihre Bedürfnisse zu erkennen.)

Liste der Bedürfnisse

Wir alle brauchen:
Freude
Kreativität
Entwicklung
Wahlmöglichkeiten, Entscheidungsfreiheit
Physische Nahrung Luft, Bewegung, Nahrung, Entspannung, sexueller Ausdruck, Schutz
Beziehung zu uns selbst Leistung, Wertschätzung, Authentizität, Herausforderungen, Klarheit, Kompetenz, Kreativität, Integrität, die eigenen Geschenke und Talente kennen, Bedeutung, Sinn, Privatsphäre, Entwicklung
Beziehung zu anderen Wertschätzung, Zugehörigkeit, die Sorgen und Freuden des Lebens teilen, Nähe, Gemeinschaft, Gegenseitigkeit, Sicherheit, Empathie, Ehrlichkeit, aufeinander angewiesen sein, Freundlichkeit, Liebe, Macht mit, Bestärkung, Respekt, Geschenke und Talente teilen, Unterstützung, für andere Menschen bedeutsam sein, Vertrauen, Verstehen, Wärme
Beziehung zur Welt Schönheit, Kontakt zur Natur, Harmonie, Inspiration, Ordnung, Frieden

Diese Liste der Bedürfnisse ist nicht darauf ausgelegt, vollständig zu sein. Wir ermuntern Sie, sie zu ergänzen und zu verfeinern.

Schritt 4: Bitten

Wenn wir eine Strategie im Sinn haben, um ein Bedürfnis zufrieden zu stellen, dann können wir andere um Hilfe bitten, uns zu helfen dieses Bedürfnis zu erfüllen. Indem wir diese Bitten an andere richten, schaffen wir Möglichkeiten für die anderen, uns etwas zu geben. Und ebenso schaffen die Bitten anderer an uns die Möglichkeit, dass wir ihnen etwas geben. In der Wolfssprache sind Forderungen wesentlich verbreiteter als Bitten, und anstelle eines echten Wunsches, voller Freude zu geben, lösen sie Angst, Schuld, Verpflichtungen oder Scham aus.

> Das Ziel der Gewaltfreien Kommunikation ist nicht, andere Menschen oder ihr Verhalten zu ändern, so dass sie sich so verhalten, wie wir es gerne hätten, sondern es geht darum, Beziehungen aufzubauen, die auf Ehrlichkeit und Empathie beruhen und die möglicherweise die Bedürfnisse aller erfüllen.
> *Marshall Rosenberg*

Kernpunkte:

→ Eine Bitte ist etwas, mit dem wir positiv ausdrücken, was wir möchten und nicht etwas, mit dem wir mitteilen, was wir nicht möchten:
   Bitte *höre* mir *aufmerksam zu.* (Aussage darüber, was ich möchte.)
   Bitte geh nicht zu deinen Nachbarn. (Aussage darüber, was ich nicht möchte.)

→ Eine Bitte fragt nach einer Handlung im Hier und Jetzt:
   Wärest du bereit, dir *jetzt fünf Minuten* Zeit zu nehmen, um deine Sachen fortzuräumen? (Gegenwart)
   Würdest du *von jetzt an* Ordnung auf deinem Schreibtisch halten? (Zukunft)

→ Eine Bitte ist in „Handlungssprache" formuliert – was wir von anderen Menschen möchten, dass sie „tun" anstatt dass wir sagen, wie sie „sein" sollen:
   Wärest du bereit, *etwas leiser zu sprechen*, während ich lese? (Handlung)
   Könntest du anderen gegenüber respektvoller sein? (Sein)

→ Eine Bitte ist spezifisch und konkret, nicht allgemein formuliert:
   Wärest du bereit, *20 Minuten lang an deinen Mathematikaufgaben zu arbeiten*? (spezifisch)
   Würdest du deine *Hausaufgaben erledigen*? (allgemein)

→ Wir möchten, dass andere unseren Bitten nur dann entsprechen, wenn sie es aus eigenem Entschluss und freiem Willen tun.

Eine klare Bitte formulieren:

1. Verfolgen Sie die Absicht eine Verbindung aufzubauen statt „Ihren Kopf durchzusetzen".

2. Wenden Sie eine gegenwärtige, positive, spezifische, „umsetzbare" Handlungssprache an:

   Bist du bereit, mir zu sagen, was dich davon abhält, um 9 Uhr im Unterricht zu erscheinen, wenn er beginnt? (gegenwärtig, positiv, ausführbar)

   Bist du bereit, von nun an verantwortlich zu handeln? (vage, keine spezifische Handlung)

3. Drücken Sie die Bitte als eine Frage aus, um zu zeigen, dass die andere Person eine Wahl hat, das zu tun, worum Sie sie bitten oder es nicht zu tun.

   Wärest du bereit, mit Jane zu arbeiten, um ein Diagramm für das Physikprojekt auszuarbeiten?

4. Bieten Sie Einfühlung an, wenn jemand Ihrer Bitte nicht zustimmt. Der Unterschied zwischen der Formulierung einer Bitte und dem Stellen einer Forderung wird am deutlichsten klar, wenn wir ein „Nein" als Antwort auf unsere Bitte erhalten. Wenn wir ungehalten werden, sobald wir von einer anderen Person ein „Nein" als Antwort bekommen, dann haben wir sehr wahrscheinlich eine Forderung ausgesprochen. Wenn wir tatsächlich eine Bitte ausgesprochen haben, dann können wir das „Nein" als einen weiteren möglichen Anknüpfungspunkt für eine Verbindung ansehen.

   Eine Forderung:
   Lehrerin: Wärest du bereit, mir während der Pause zu helfen, den Abfall aufzulesen?
   Schüler: Nein.
   Lehrerin: Du solltest bereit sein, ab und zu mitzuhelfen.

   Eine Bitte:
   Lehrerin: Wärest du bereit, mir während der Pause zu helfen, den Abfall aufzulesen?
   Schüler: Nein.
   Lehrerin (sie verbindet sich mit den Bedürfnissen hinter dem „Nein"): Gibt es da etwas anderes, was du tun möchtest und worauf du dich gefreut hast?

Wenn Schülerinnen hören, dass Lehrer ihnen gegenüber Bitten statt Forderungen aussprechen, dann werden sie mit aller Wahrscheinlichkeit auch selbst eher Bitten formulieren. (In Kapitel 5 finden Sie Aktivitäten, die Schülern helfen, mehr über Bitten zu lernen.)

Beispiele für Bitten:

Verbindende Bitten:

Sie können eine verbindende Bitte aussprechen, wenn Sie mehr Verbindung zwischen sich und der anderen Person erreichen möchten.

Bedürfnis: Verstanden werden
Bitte: Ich würde gerne wissen, ob ich mich selbst klar ausdrücke? Wärest du bereit, mir zu sagen, was du von mir gehört hast?

Bedürfnis: Kontakt
Bitte: Ich würde gerne wissen, wie du dich gerade in diesem Moment fühlst. Wärest du bereit, es mir zu sagen?

Bedürfnis: Verbindung
Bitte: Ich würde gerne wissen, ob das, was ich gerade gesagt habe, bei dir irgendwelche Reaktionen ausgelöst hat. Wärest du bereit, mir zu sagen, ob es welche ausgelöst hat?

Bitten nach Handlungen

Sie können Bitten nach einer Handlung aussprechen, wenn Sie Vertrauen in die Verbindung zu der anderen Person haben und um eine spezifische Handlung bitten möchten oder diese anzubieten haben.

Bedürfnis: Mir geht es um Konzentration.
Bitte: Deshalb möchte ich gerne bei der Diskussion bleiben, die wir gerade führen. Wärest du bereit, jemand anderes um Hilfe zu bitten?

Bedürfnis: Ich möchte gerne Bewegung und gleichzeitig Gemeinsamkeit.
Bitte: Magst du mit mir einen Spaziergang machen?

Bedürfnis: Mir ist Unterstützung wichtig.
Bitte: Deshalb würde ich gerne einen Beitrag zu deinem Lernen leisten. Gibt es etwas, das du gerne von mir hättest, so dass ich dir bei diesem Projekt helfe?

Selbsteinfühlung einer Giraffe

Ich sage zu mir selbst: Meine Beobachtungen, Gefühle, Bedürfnisse und Bitten.

Ich sage, was ich sehe und höre.
Wenn ich sehe/höre, ...

Ich sage, was ich fühle.
fühle ich ...

Ich sage, was ich brauche.
weil ich ... brauche.

Ich wähle, was meine Bedürfnisse am
ehesten zufrieden stellen könnte.
Gerade jetzt bitte ich mich selbst,
... zu tun.

Mir selbst zuhören: Selbsteinfühlung

Wenn wir Giraffensprache sprechen, gewöhnen wir uns an, öfter bei uns selbst zu überprüfen, was sich da in uns abspielt – d.h. wir erkennen unsere eigenen Gefühle und Bedürfnisse. Wenn wir das tun, dann erfüllen wir unser Bedürfnis nach Verbindung mit uns selbst und nach Mitgefühl für uns selbst.

Kernpunkte:

→ Wenn ich nicht mit meinen eigenen Gefühlen und Bedürfnissen verbunden bin, dann bin ich nicht in der Lage, mich mit den Gefühlen und Bedürfnissen anderer zu verbinden. Wenn ich also feststelle, dass ich selbst nicht in der Lage bin, Einfühlung mit anderen zu zeigen, dann ist das ein deutliches Signal dafür, dass ich Einfühlung brauche.

> Der Einblick in unsere innere Welt erlaubt es uns, uns mit allem um uns herum zu verbinden, so dass wir die Einzigartigkeit alles Lebendigen klar erkennen können.
> *Sharon Salzberg*

→ Wenn ich angenehme Gefühle empfinde – glücklich, begeistert, froh, zufrieden – dann ist Selbsteinfühlung ein Weg ganz für mich allein, um meine Bedürfnisse wertzuschätzen und zu feiern, dass sie zufrieden gestellt wurden. Wann immer ich anerkenne, dass meine Bedürfnisse erfüllt wurden, stärke ich das Vertrauen in meine eigene Fähigkeit, meine Bedürfnisse auch in Zukunft zufrieden zu stellen.

→ Wenn ich schmerzhafte Gefühle empfinde – erregt, verletzt, aufgeregt, ärgerlich – dann verschafft Selbsteinfühlung mir sehr oft Wohlbehagen, Verständnis und Mitgefühl mit mir selbst, wenn ich mir die Zeit nehme, mich mit meinen Gefühlen und Bedürfnissen zu verbinden. Wenn ich verwirrt bin, kann ich Klarheit gewinnen, meinen Gedanken und meinem inneren Dialog zuzuhören.

Selbsteinfühlung kann insbesondere hilfreich sein, wenn ich ununterbrochen spreche und argumentiere, wenn ich defensiv, ärgerlich oder deprimiert bin oder ich die Gefühle und Bedürfnisse der anderen nicht hören kann.

In den meisten Fällen konzentriert sich Selbsteinfühlung darauf, was ich beobachte, was ich fühle und was ich brauche.

Beispiele:

Als ich mich heute zu den Schülern mit einer so lauten Stimme sprechen hörte, war ich traurig, weil ich nicht die Verbindung aufbauen konnte, die ich mir gewünscht hätte.

Indem ich dieses Kapitel des Buches abgeschlossen habe, bin ich zufrieden, weil sich so mein Anliegen nach Kontinuität erfüllt hat.

Ich bin verwirrt und möchte Klarheit.

Anderen Zuhören: Einfühlung / Empathie

„Empathie ist ein respektvolles Verstehen dessen, was andere Menschen erleben. Anstatt Empathie anzubieten, haben wir oft ein starkes Verlangen Ratschläge oder Bestärkung zu geben und unsere eigene Gefühlslage zu erklären. Einfühlung verlangt von uns in jedem Fall, unser Bewusstsein zu leeren und anderen zuzuhören, mit unserem ganzen Sein." – *Marshall Rosenberg*

Empathie verfolgt die Absicht, sich mit den eigenen Gefühlen und Bedürfnissen und denen anderer zu verbinden. Es bedeutet, das Geschenk unserer Präsenz zu geben – ohne Verurteilung, Analyse, Vorschläge, Geschichten oder irgendeine Absicht, etwa die andere Person zu manipulieren.

Kernpunkte:

→ Wenn wir einer anderen Person Empathie geben, dann hören wir nach ihren Gefühlen und Bedürfnissen, insbesondere wenn sich ihre Worte wie Kritik, Anschuldigung oder Verurteilung anhören.

→ Empathie zu geben, kann das gegenseitige Bedürfnis nach Verbindung, Verstehen und Mitgefühl zufrieden stellen.

→ Empathie zu geben bedeutet nicht, dass wir notwendigerweise mit der anderen Person übereinstimmen oder dass wir tun, was sie von uns möchte.

→ Empathie ist nicht an Worte gebunden und kann häufig auch schweigend erfolgen. Wenn es hilfreich erscheint, Empathie laut auszudrücken, so können wir gemäß der GFK die Gefühle und Bedürfnisse der anderen Person vermuten. Das zeigt ein respektvolles Verständnis dafür, dass wir niemals sicher wissen können, was eine andere Person fühlt oder braucht. Ob Sie nun beim Vermuten richtig liegen oder nicht: Es hat dennoch eine kraftvolle Auswirkung zu erkunden, was eine andere Person brauchen oder fühlen könnte. Ihr „Vermuten" hilft der anderen Person, sich darauf zu fokussieren, wie sie sich im Augenblick tatsächlich fühlt und zu klären, was das Leben für sie im Augenblick bereichern würde.

Wenn wir Empathie verbal ausdrücken, dann verwenden wir die vier Schritte der GFK als eine Leitidee – Beobachtungen, Gefühle, Bedürfnisse und Bitten – in diesem Fall in der Form einer Frage:

Beobachtung: Wenn du über die Zeit nachdenkst, die du mit diesem Problem verbracht hast, ohne auf eine Lösung zu kommen ...
Gefühl: ... fühlst du dich entmutigt, ...
Bedürfnis: ... weil dir Weiterentwicklung wichtig ist?
Bitte: Möchtest du gerne einige Ideen von mir dazu hören?

Bei empathischen Antworten vermuten wir oft nur Gefühle und Bedürfnisse, denn die Beobachtung ist meistens schon klar und deutlich. Wenn wir uns mit der Person in Giraffensprache unterhalten, kommen wir von selbst auf die implizierte Bitte der Person nach Einfühlung:

Gefühl: Bist du frustriert ...
Bedürfnis: ... und wünschst dir, dass es einfacher wäre?

> Zuhören ist eine Haltung des Herzens, ein ehrliches Verlangen, mit einer anderen Person zu sein, die sowohl anziehend als auch heilend wirkt.
> *J. Isham*

Statt Empathie zu geben, drücken wir uns oft nicht einfühlsam aus:

Einen Rat geben: Ich denke, du solltest ...
Mitleid spenden: Das ist ja schrecklich. Sie hatte kein Recht, so etwas zu tun.
Trösten: Es wird schon alles in Ordnung kommen.
Korrigieren/zurechtweisen: Es ist wirklich nicht so schwer.
Erziehen: Du kannst daraus lernen.
Erklären: Ich wollte es eigentlich nicht auf diese Art und Weise machen, aber ...
Evaluieren: Wenn du nicht so sorglos gewesen wärst, ...
Manipulieren: Was dir helfen wird, ist es so zu machen ...
Nachfragen: Was fühlst du? Wann hast du begonnen, dich so zu fühlen?
Selbsterzählung: Du solltest hören, was mir passiert ist ...
Abschließen: Reg dich nicht auf. Es ist gar nicht so schlimm.
Geschichten erzählen: Das erinnert mich an die Zeit, als ich ...
Sympathisieren: Du armes Ding.

Wolfssprache in Giraffensprache übersetzen

Wolfssprache	Giraffensprache	Warum übersetzen?
Ich kann nicht ...	*Ich möchte nicht, ich möchte ...;* *Ich wähle, nicht zu ...;* *Ich habe nicht gelernt, zu ...*	Um die Wahl anzuerkennnen.
Ich fühle, dass ...	*Ich denke, ich glaube ...;* *Ich habe eine Meinung;* *Es scheint mir ...*	Um zwischen Gefühlen und Gedanken zu unterscheiden.
Wieso? Warum? Und andere prüfende Fragen	*Fühlst du dich ...?* *Wünschst du dir ...?* *Ich wüsste gerne ...*	Sich damit verbinden, was jetzt gerade lebendig ist.
Das ist richtig, falsch, gut, böse, nett, dumm.	*Ich halte es für ...;* *Ich glaube, es ist ...*	Um die Subjektivität meiner Wahrnehmung und Beurteilung anzuerkennen.
Es (du, er, sie) macht mich krank. *Es macht mich glücklich.*	*Ich fühle mich krank.* *Ich fühle mich glücklich.*	Um die Verantwortung für meine Gefühle zu übernehmen.
Alles, immer, nie	Spezifische Situationen angeben: *Wenn ...*	Um die Begrenztheit meiner Kenntnisse anzuerkennen und zu vermeiden, eine Situation zu kritisieren.

Welche Sprache verwenden Sie?

☐ Giraffensprache	☐ Wolfssprache
Erkennt Wahlmöglichkeiten an Ich wähle zu ..., ich möchte ..., ich kann ... Es gibt viele Wege, um Bedürfnisse zu erfüllen.	**Verneint Wahlmöglichkeiten** Ich muss ... Ich kann nicht. Es gibt nur einen Weg.
Nimmt Fülle wahr Es gibt genug, wenn wir teilen. Die Bedürfnisse aller können zufrieden gestellt werden. Es gibt dich und mich.	**Nimmt Einschränkungen wahr** Es reicht nicht aus. Wir können nicht die Bedürfnisse von allen zufrieden stellen. Entweder du oder ich.
Beobachtet und spricht aus Ich sehe ..., ich höre ..., ich erinnere ...	**Urteilt und bewertet** Hier ist also Folgendes passiert ... Du bist zu ... Er ist geizig. Sie ist rüpelhaft.
Übernimmt Verantwortung für die eigenen Gefühle und Bedürfnisse Ich fühle ..., weil ich ... brauche.	**Klagt sich selbst und andere an** Ich fühle ..., weil du ...
Fragt danach, was ich gerne möchte Hier ist das, was ich gerne möchte. Wenn du bereit wärest ...	**Stellt Forderungen auf** Du hast zu ... Wenn du nicht ..., dann ...
Hört einfühlsam zu Fühlst du dich ..., weil du ... brauchst?	**Hört selektiv zu** Schlägt vor, doziert, gibt Ratschläge, argumentiert, manipuliert, analysiert

Welche Sprache möchtest du anwenden?

Alles zusammenfügen

Lehrer-Schüler Dialoge

Die folgenden Dialoge zwischen Lehrern und Schülern sind Beispiele des Giraffentanzes von Ehrlichkeit und Empathie im Unterricht. Diese Dialoge sind die Quintessenz von tatsächlichen Situationen im Klassenraum. Sie klingen notgedrungen etwas stilisierter als Dialoge im realen Leben, in denen die Körpersprache, die Mimik, der Ton der Stimme, die Stille und der Humor noch für Farbigkeit, Sinn und Bedeutung sorgen. Nichtsdestotrotz hoffen wir, dass Sie durch das Lesen dieser Dialoge ein gewisses Gefühl dafür bekommen, wie die bewusste Absicht sich zu verbinden, gekoppelt mit einer gewissen Kenntnis der Gewaltfreien Kommunikation, einen Fluss der Kommunikation ermöglicht, selbst wenn nur eine Person GFK kennt.

Wenn Lehrer zum ersten Mal von Gewaltfreier Kommunikation hören, dann wenden sie oft ein, dass sie keine Zeit für derartige Dialoge haben. Wenn wir uns aber die Zeit nehmen und den Schülern einfühlsam zuhören und ihnen zeigen, dass uns ihre Bedürfnisse wichtig sind, vermindert das unserer Erfahrung nach viele Verhaltensprobleme, um die sich Lehrerinnen und Lehrer sonst kümmern müssen. Gleichzeitig ergibt sich ein engagierteres Lernen und eine effizientere Nutzung der Zeit sowohl für die Schüler als auch für die Lehrer.

Was ist es wert gelernt zu werden?

Eine Lehrerin im 6. Schuljahr versucht ihrer Klasse einen mathematischen Ansatz zu erklären. Währenddessen kommunizieren drei Schüler vorzugsweise durch Augenkontakt, Kommentare oder Lachsalven miteinander. Die Lehrerin bittet die Schüler zweimal, dem zuzuhören, was sie sagt. Nachdem sie ihr anfänglich ihre Aufmerksamkeit geschenkt haben, kehren sie jedes Mal wieder zu ihrem gemeinsamen Gespräch zurück. Abgelenkt von dem, was sie zu unterrichten versucht, und zunehmend frustriert über ihre Versuche, die Aufmerksamkeit dieser Schüler zu erreichen, merkt die Lehrerin, dass sie ärgerlich wird und dass sie die Schüler als „unhöflich" und „unausstehlich" verurteilt. Das wird, wie sie weiß, nur noch ihren Ärger vergrößern und die Möglichkeit verringern, sich mit ihnen zu verbinden. Sie erinnert sich daran, dass hinter ihrem Ärger wichtige, nicht erfüllte Bedürfnisse verborgen sind und so richtet sie ihre Aufmerksamkeit nach innen zu sich selbst und verbindet sich für einen Moment mit ihren Bedürfnissen.

> Die Lehrerin gibt für sich selbst leise ihrem Ärger Ausdruck: *„Das ist doch lächerlich. Ich habe die Nase voll von diesen Kids. Die wollen sich doch nur über mich lustig machen!"*... Dann – leise Selbsteinfühlung – sich mit den Gefühlen und Bedürfnissen im Zusammenhang mit diesem Ärger verbindend: *„Also was genau fühle ich? Ich bin sehr frustriert, wenn ich versuche ihre Aufmerksamkeit zu erlangen. Ich ärgere mich, weil ich mir selbst sage, dass sie rumalbern und sich respektlos verhalten. Hinter diesem Ärger erkenne ich, dass ich frustriert und traurig bin, weil ich mir wirklich wünsche, diesen mathematischen Ansatz der ganzen Klasse entspannt vermitteln zu können. Ich würde mich wirklich gern mit ihnen verbinden und nicht mit ihnen kämpfen."*

Wenn sie in Verbindung ist mit ihren Gedanken, Gefühlen und dem Bedürfnis nach Entspannung und Verbindung, wendet sie sich an ihre Schüler und drückt ihre Beobachtungen, Gefühle und Bedürfnisse aus und spricht dann eine Bitte aus:

Lehrerin (zu den Schülern): Nachdem ich euch zweimal gebeten habe zuzuhören, während ich diesen mathematischen Ansatz erkläre, und ich euch höre, wie ihr weiter miteinander redet, bin ich frustriert, weil mir Entspannung und Verbindung wichtig sind. Ich wüsste gerne, ob ihr bereit seid, ruhig zu sein und mir während der nächsten zehn Minuten zuzuhören, so dass ich meine Erklärungen abschließen und dann herausfinden kann, was ihr gelernt habt?

Schüler 1: Das ist so langweilig!

Lehrerin (sie geht über zu empathischem Zuhören – die Gefühle und Bedürfnisse des Schülers erratend): Du bist unruhig und wärest gerne aktiv?

Schüler 1: Ja, ich hasse es, nichts zu tun außer zuzuhören.

Lehrerin: Möchtest du Verständnis dafür, wie schwer es für dich ist, nur dazusitzen und zuzuhören, wenn du viel lieber aktiv und beteiligt sein möchtest?

Schüler 1: Ja.

Lehrerin (bemerkt, dass Schüler 1 sich ein wenig entspannt hat, nachdem er realisiert hat, dass er gehört worden ist und fährt fort): Momentan bin ich ratlos, weil ich gerne einen interaktiven und anregenderen Weg finden würde, um diese Methode zu vermitteln und ich bisher nicht darüber nachgedacht habe. Ich erkenne jetzt, dass wir alle unterschiedliche Lernpräferenzen haben. Einige von uns können ziemlich lange Zeit sitzen und zuhören, während andere viel lieber aktiv sein möchten und mit Material arbeiten oder mit anderen sprechen wollen. Wäre jemand bereit, mir zu sagen, was ihr mich habt sagen hören, so dass ich weiß, ob ich mich klar ausgedrückt habe oder nicht?

Schüler 4: Sie haben gesagt, dass wir alle unterschiedlich lernen und dass Sie es uns ermöglichen wollen, auf dem Weg zu lernen, der für uns am besten funktioniert.

Lehrerin: Danke. Ja, ich bin am glücklichsten, wenn Weiterentwicklung passiert. Deshalb möchte ich den Unterricht so lebendig wie möglich gestalten.

Lehrerin (wendet sich an die anderen beiden Schüler): Seid ihr auch ungeduldig, wenn ihr jetzt zuhört?

Schüler 2: Ja. Und ich verstehe auch überhaupt nicht, warum wir diesen ganzen Stoff lernen sollen?

Schüler 3: Ja, wir werden das niemals brauchen.

Lehrerin (einfühlsam – sie errät die Gefühle und Bedürfnisse der Schüler hinter ihren Worten): Das hört sich so an, als ob ihr auch frustriert seid, weil ihr wissen möchtet, ob ein Lernstoff auch einen Nutzen für euch hat?

Schüler 2: Ja genau. Warum verschwenden wir Zeit, etwas zu lernen, was wir niemals brauchen werden?

Lehrerin (einfühlsam – sie hört weitere Bedürfnisse): Möchtet ihr gerne wissen, wie das, womit ihr eure Zeit verbringt und in das ihr eure Energie investiert, für euch irgendwann einmal in der Zukunft sinnvoll sein wird?

Schüler 2: Ja, genau das ist es.

Lehrerin (spürt einen Wandel bei allen drei Schülern, nachdem sie auf diese Art und Weise gehört worden sind. Sie bemerkt, dass sie ihr jetzt alle drei die volle Aufmerksamkeit geben. Daher drückt sie jetzt aus, was in ihr vorgeht.): Ich bin wirklich froh, dass ihr mir das erzählt habt. Ich erkenne, dass ich euch nicht klar gemacht habe, welchen Wert ich darin sehe, dass ihr dieses Konzept lernt. Ich würde das wirklich sehr gerne tun, weil mir viel daran liegt, dass ihr eure Zeit und eure Energie darauf verwendet, etwas zu tun, was ihr als sinnvoll anseht. Ich würde gerne mit dieser wichtigen

Diskussion fortfahren, was für euch wertvoll ist und komme auf die Mathematik später zurück. Seid ihr bereit, mir darin zu folgen?

(Sie sieht nickende Köpfe und wendet sich an die übrige Klasse, um herauszufinden, welches Verständnis die anderen haben.): So, ich würde nun gerne wissen, ob sonst noch jemandem unklar ist, was der Wert ist, dieses mathematische Konzept zu lernen? Würdet ihr bitte eure Hände hochheben, wenn ihr euch darüber im Unklaren seid? (Sie schaut herum ...) Also, ungefähr die Hälfte von euch ist sich darüber im Unklaren. Wie steht es mit der anderen Hälfte? Wäre einer von denen, die einen Wert darin erkennen bereit, mit dem Rest der Klasse zu teilen, worin für sie oder ihn der Wert besteht? Nachdem wir diejenigen gehört haben, die gerne sprechen möchten, würde ich gerne erzählen, warum ich einen Wert darin sehe, euch diesen Stoff beizubringen.

In dem Gespräch, das sich entwickelt, diskutieren die Lehrerin und die Schülerinnen, welchen Wert sie darin sehen können, den Mathematik-Stoff zu lernen, den die Lehrerin in dieser Stunde zu unterrichten versuchte. Gemeinsam finden sie in einem Brainstorming dann weitere Möglichkeiten, wie sie das Konzept lernen können.

In diesem Dialog kommuniziert die Lehrerin mindestens vier wichtige Botschaften an ihre Schüler: Ich kümmere mich um eure Gefühle und Bedürfnisse. Ich erkenne und wertschätze die verschiedenen Wege und Präferenzen, wie die Einzelnen in der Klasse lernen. Ich möchte gerne, dass ihr einen Wert erkennt, in dem was ihr erforscht und lernt und ich bin bereit, mir Zeit zu nehmen, den Wert zu untersuchen, der darin besteht, dieses Konzept zu studieren.

„Rüpel"

Am Ende einer Pause hörte ein Lehrer, wie eine seiner Schülerinnen, Erin aus dem dritten Schuljahr, einen anderen Mitschüler anbrüllte: „Du bist ein Rüpel."

In der Vergangenheit hätte er möglicherweise die Schülerin nur daran erinnert, dass sie andere Menschen nicht mit solchen Ausdrücken beschimpfen soll und er hätte den als Rüpel Beschuldigten zum Direktor geschickt. Aber dieses Mal erkannte er, dass seine automatische Reaktion nicht an die Wurzeln des Problems heranreichen würde. In der Tat war er ziemlich sicher, dass eine derartige Reaktion einzig die Spannung zwischen diesen beiden Schülern erhöhen würde. So fragte er Erin, ob sie sich mit ihm zwei Minuten lang unterhalten würde.

Lehrer (drückt seine Gefühle und Bedürfnisse aus): Ich bin traurig zu hören, wie du zu Bob sagst: „Du bist ein Rüpel", weil ich möchte, dass wir lernen miteinander zu reden ohne uns gegenseitig zu beschimpfen. Wärest du bereit, mir zu erzählen, was du gerade von mir gehört hast?

Schülerin: Sie sagten, dass ich nicht so reden soll.

Lehrer: Ich danke dir, dass du mir erzählt hast, was du gehört hast. Ich hätte gern, dass du etwas anderes hörst. Ich möchte, dass du hörst, dass ich traurig bin, weil Respekt gegenüber allen Menschen so wichtig für mich ist. Menschen Schimpfworte nachzurufen zeigt nicht die Art von Respekt, den ich gerne sehen möchte. Würdest du mir bitte noch einmal sagen, was du jetzt gehört hast?

Schülerin: Sie möchten nicht, dass wir Menschen Schimpfwörter nachrufen, weil das keinen Respekt zeigt.

Lehrer: Ja, das ist genau das, was ich sagen möchte. Ich hätte gern, dass wir uns gegenseitig erzählen, wie wir uns fühlen, was uns stört und was wir haben wollen. Ich möchte gerne, dass wir es auf eine ehrliche und respektvolle Art sagen. Ist das etwas, was du auch möchtest?

Schülerin: Bob ist wirklich so gemein.

Lehrer (hört auf Erins Gefühle und Bedürfnisse): Bist du ärgerlich und aufgebracht, weil du gerne mit Freundlichkeit behandelt werden möchtest?

Schülerin: Ja, er ist immer so gemein zu mir.

Lehrer: Ich würde gern verstehen, was du mit „gemein" meinst. Kannst du bitte etwas beschreiben, was Bob getan hat und was dir gemein erscheint?

Schülerin: Er hat zu mir gesagt, dass ich nicht mit den anderen Kindern Ball spielen kann. Er sagte, ich wäre zu klein und zu dumm zum Spielen.

Lehrer (einfühlsam – er errät Erins Gefühle und Bedürfnisse): Ich kann mir vorstellen, dass du eine Menge verschiedener Gefühle hattest, die in dir gleichzeitig abliefen. Ich stelle mir vor, dass du enttäuscht warst, weil du gern mitspielen wolltest?

Schülerin: Ja. Ich darf nie mitspielen.

Lehrer (versucht, mehr Klarheit zu gewinnen): Es gab also noch andere Male außer heute, dass dies passiert ist?

Schülerin: Viele Male. Und es ist immer Bob, der mich nicht mitmachen lässt.

Lehrer: Hmmmm ... Ich stelle mir vor, dass du ganz schön aufgebracht bist und vielleicht sogar entmutigt, weil du gerne mit dabei sein möchtest?

Schülerin (bricht in Tränen aus): Ja ... Ich möchte auch Spaß haben ... Ich bin eine gute Spielerin.

Lehrer: Bist du also ratlos und fragst dich, warum du nicht mitspielen sollst?

Schülerin: Ja, ich möchte gerne wissen, warum er mich nicht mag. Und ich möchte, dass er aufhört, mir Schimpfworte nachzurufen.

Lehrer: Ich höre jetzt, dass du traurig bist, weil du möchtest, dass die anderen ehrlich zu dir sind und erzählen was wirklich los ist, ohne dir Schimpfworte nachzurufen?

Schülerin (steht plötzlich auf und richtet sich auf): Ja, ich möchte, dass er mit mir spricht.

Lehrer: Ich wüsste gerne, ob du bereit wärest, dich mit Bob zu treffen und ihm zu erzählen, wie du dich in dieser Situation fühlst und was du gerne möchtest?

Schülerin: Wenn Sie auch dabei sind.

Lehrer: Wärst du sicherer, wenn ich auch dabei bin?

Schülerin: Ja.

Lehrer: Ich bin gerne bereit, das zu tun.

In diesem Dialog erhielt Erin genug Einfühlung von ihrem Lehrer, um mit ihren Gefühlen und Bedürfnissen in Berührung zu kommen, was es ihr später möglich machte, diese gegenüber Bob auszudrücken. Der Lehrer half Bob zu reflektieren, was er Erin hatte sagen hören. Der Lehrer formulierte auch, wie wichtig ihm ein respektvoller Umgang ist. Er schlug vor, dass sie versuchen, mit Worten auszudrücken, was sich in ihnen abspielt. Es schien so, als würde Bob dies in sich aufnehmen, obwohl er meistens still war und vielleicht viel Schmerz mit sich herumtrug.

In einer nachfolgenden Besprechung zwischen Bob und dem Lehrer drückte Bob Gefühle des Schmerzes und des Ärgers aus, die auf Veränderungen bei ihm zu Hause zurückgingen seit seine kleine Schwester geboren war. Bob entdeckte, dass er Verständnis für seine schmerzvollen Gefühle finden konnte und dass es ihn erleichterte, indem er darüber sprach, anstatt aggressiv gegenüber anderen Schülern zu agieren.

Das Geschenk eines „NEIN"

Marianne Gothlin, eine Lehrerin an der „Freien Schule Scharpnack" in Stockholm, Schweden, erzählt die folgende Geschichte:

An unserer Schule übernehmen Eltern, Lehrerinnen und Schüler Verantwortung für die Pflege und die Erhaltung des Schulgebäudes und des Grundstücks. Die Schüler bilden Gruppen, die sich um verschiedene Bereiche der Schule kümmern. Im Laufe der Jahre hat es mir viel Freude gemacht zu sehen, wie viel Spaß die Schüler erleben, wenn sie sich um alltägliche Dinge kümmern können.

Kurz nachdem die Schule eröffnet worden war, hatten die Schüler zugestimmt, dass sie sich alle daran beteiligen würden, die Tische für das Mittagessen zu decken. Diese Aktivität schien ihnen besonderen Spaß zu machen, so dass ich ein wenig überrascht war, als ein neuer Schüler (ein 8 Jahre alter Junge) eines Tages ausrief: „Ich werde mich nicht daran beteiligen, den Tisch zu decken, ganz egal, was du sagst!"

Ich weiß, dass an vielen Schulen sein starker Ausdruck des Widerstandes als inakzeptabel beurteilt würde und folgende Reaktion ausgelöst hätte: „Jeder hat hier mitzuarbeiten und du machst da keine Ausnahme." Er würde wahrscheinlich schnell als schwierig oder problematisch abgestempelt. Ich verstehe, warum diese Urteile so schnell in unsere Köpfe gelangen.

Nun, seit ich die GFK ausübe, weckt es meine Neugier und mein Interesse, wenn ein Schüler mit „NEIN" auf eine Bitte antwortet, die ich ausgesprochen habe. Ich habe gelernt zu erkennen, dass hinter jedem „Nein" etwas Wichtiges ist, denn sie sagen „Ja" zu etwas anderem. Ich möchte wirklich gerne wissen, was für sie so wichtig ist. In diesem Fall habe ich erraten, dass dieses „NEIN" nicht dem Wunsch entsprungen war, etwas anderes zu tun als den Tisch zu decken, sondern dass etwas viel Wichtigeres dahinter verborgen lag.

Lehrerin: Ich würde wirklich gerne verstehen, was in dir vorgeht. Als du gefragt wurdest, ob du beim Tischdecken mithilfst, hast du dich aufgeregt, weil du nicht Teil der Gruppe warst, als diese Aufgabe gewählt wurde?

Schüler: Nein!

Lehrerin (versucht weiter, seine Gefühle und Bedürfnisse zu vermuten): Bist du ärgerlich, weil du gerne die freie Wahl hättest zu bestimmen, wann du was tust?

Schüler (fängt an zu brüllen): Nein!! Und ich werde den Tisch nicht decken, ganz egal, was du sagst und ich werde dir auch nicht zuhören!!

Dann lief der Schüler fort und versteckte sich in einem anderen Raum. Ich folgte ihm, setzte mich neben ihn und blieb für einige Minuten still. Dann begann er zu jammern. Meine Intuition sagte mir, ihn nach seinen Erfahrungen mit dem Tischdecken zum Mittagessen zu fragen, als er an einer anderen Schule war.

Lehrerin: Bist du bereit, mir etwas zu erzählen, das mir helfen würde zu verstehen, was dich davon abhält den Tisch zu decken?

Der Schüler weint weiterhin.

Lehrerin: Ich vermute, dass deine Erfahrungen beim Tischdecken an der anderen Schule es wirklich schwer für dich machen, das Tischdecken hier zu genießen?

Schüler (verkriecht sich in die Arme der Lehrerin und weint): In meiner vorherigen Schule war Tischdecken eine Strafe und ich war einer der Jungen, der es in den meisten Fällen tun musste, weil ich fast immer zu spät aus der Pause zurückkam.

Lehrerin: Oh ..., kein Wunder, dass das für dich nichts Erfreuliches ist. Ich bin dir wirklich dankbar, dass du mir das erzählt hast. Und ich bin sehr traurig zu hören, dass die Lehrer keinen anderen Weg gefunden haben, dass du rechtzeitig im Klassenraum warst.

Schüler: Im letzten Jahr habe ich fast jeden Tag den Tisch gedeckt.

Lehrerin (berührt und traurig, als sie das hört): Ich kann jetzt wirklich verstehen, dass es für dich keine Freude wäre, daran zu denken, den Tisch jetzt zu decken ... Ich hätte gerne, dass wir zusammen eine Lösung finden. Wärest du bereit, den anderen deine Geschichte zu erzählen? Wir können dann sehen, ob sie bereit sind, dich zu unterstützen, dass du solange wartest den Tisch zu decken, bis es für dich wirklich eine Freude ist.

Schüler: Ich glaube nicht, dass sie so einem Vorschlag zustimmen werden.

Lehrerin: Ich bin voller Vertrauen, dass die anderen Schüler dich verstehen werden, wenn du ihnen erzählst, was du jetzt mir erzählt hast. Ich werde da sein, um dir zu helfen. Wärest du bereit, das zu tun?

Schüler: Vielleicht.

Im ersten Augenblick war dieser Schüler überrascht und widerstrebend meinen Vorschlag zu hören; dann stimmte er zu, mit den anderen Schülern zu reden (mit meiner Hilfe).

Er erzählte seine Geschichte vor der Klasse und bat die Schüler, ihre Hände zu heben, wenn sie zustimmen wollten, dass er eine Weile mit dem Tischdecken aussetzte, bis er es mit Vergnügen tun könnte. Als er sah, dass außer Zweien alle Schüler ihre Hände hoben – eine von den beiden war seine kleine Schwester – fühlte er sich überwältigt von Entspannung und Freude. Am nächsten Morgen hob er in der Klasse seine Hand und bat etwas mit den anderen teilen zu dürfen. Und er sagte mit einem strahlenden Lächeln: „Ich möchte euch alle wissen lassen, dass ich gestern sehr glücklich war, als ihr eure Hände gehoben habt." Das geschah an einem Dienstag und am Freitag kam er und fragte, ob er mitmachen könnte in der Gruppe, die den Tisch deckt.

Die Kraft von 30 Minuten

Die Schulleiterin einer Grundschule in der Umgebung von Cleveland besuchte ein eintägiges GFK-Einführungsseminar und es war ihr sofort klar, dass sie die erlernten Fähigkeiten an ihrer Schule weiterverbreiten wollte. Sie arrangierte ein dreitägiges Intensivseminar für den gesamten Mitarbeiterinnenstab ihrer Schule.

Als eine Lehrerin des zweiten Schuljahres nach dem Seminar in ihr Schulzimmer zurückkehrte, erschienen ihr die Kinder unruhig und verunsichert. Sie unterbrach ihren Unterricht und rief alle Kinder zusammen.

Lehrerin: Es scheint, als ob es euch heute nicht gelingt, zur Ruhe zu kommen. Was ist los?

Schülerin 1: Ich weiß auch nicht. Es macht einfach keinen Spaß mehr hier in der Schule.

Lehrerin: Ist denn etwas anders als sonst?

Schülerin 2: Die Vertretungslehrerin war schlecht. Sie konnte sich noch nicht einmal unsere Namen merken.

Lehrerin: Es hat euch also nicht gefallen, dass ihr eine Vertretung hattet in den vergangenen drei Tagen?

Schüler 3: Nein! Sie hat einfach alles anders gemacht!

Lehrerin: Ihr regt euch also auf und möchtet gerne, dass gehört wird, dass ihr unseren regelmäßigen Ablauf vermisst?

Schüler 3: Ja genau! Warum sind Sie fort gewesen und haben uns allein gelassen? Sie waren so lange fort!

Lehrerin: Ihr habt also auch mich vermisst und möchtet gerne wissen, wo ich in den vergangenen drei Tagen war?

Alle: Ja, ja genau!!

Lehrerin: Ich habe einen Kurs besucht, um zu lernen, wie wir miteinander reden können, so dass am Ende niemand böse oder schlecht dasteht. Hättet ihr gerne, dass ich euch beibringe, wie man das macht?

Mit der Zustimmung der Kinder verbrachte die Lehrerin die nächsten 30 Minuten damit, der Klasse die GFK-Fähigkeiten beizubringen, die sie selbst in den drei Tagen zuvor erlernt hatte.

Ein Junge in der Klasse war bekannt dafür, dass er sich sehr schnell aufregen konnte, wann immer ihm ein anderes Kind nahe kam oder mit ihm zu sprechen begann, während er versuchte zu arbeiten. Normalerweise brüllte er und versuchte, den anderen wegzuschubsen, was immer wieder zu einer störenden Szene eskalierte. Das geschah wenigstens ein bis zweimal am Tag.

Kurz nachdem die Schüler die 30-minütige Einführung hinter sich hatten, ging ein Kind zu dem Jungen und begann mit ihm zu sprechen. Anstatt wie üblich aufzubrausen, verhielt er sich zum ersten Mal vollkommen anders. Er stapfte hinüber zum Computer und tippte dort diese Botschaft ein, die er dann anschließend begann laut vorzulesen: „Wenn du zu mir kommst und mich ansprichst, wenn ich versuche zu arbeiten, dann fühle ich mich frustriert, weil ich meinen privaten Bereich und Platz brauche. Würdest du mich bitte in Ruhe lassen, bis ich einverstanden bin?"

Von diesem Moment an war den anderen Kindern in der Klasse das Bedürfnis des Jungen nach Platz eher bewusst. Wenn es einmal eines von ihnen vergaß, dann wusste der Junge, wie er sie daran erinnern konnte!

5. Fähigkeiten durch Aktivitäten und Spiele entwickeln

In diesem im Kapitel finden Sie eine Sammlung von Aktivitäten und Spielen, die GFK-Trainer und Lehrer für die Schule entwickelt haben. Sie haben sie mit jungen Menschen angewendet, um sie Gewaltfreie Kommunikation zu lehren und ihre Fähigkeiten zu üben.

Um den Bedürfnissen nach Freude und Entwicklung zu entsprechen, machen wir die folgenden Vorschläge:

→ Bieten Sie Ihren Schülern diese Aktivitäten mit einer Einladung zum Spielen an. Wir prophezeien Ihnen, dass der Spaßfaktor hoch sein wird, solange die Kinder keine Forderung darin erkennen, dass sie spielen müssen.

→ Die meisten dieser Aktivitäten können unverändert angewendet werden oder der jeweiligen Altersgruppe angepasst werden. Vermutlich werden Ihnen und Ihren Schülern und Schülerinnen einige davon besser gefallen als andere. Wenn Sie keine Möglichkeit sehen, eine bestimmte Aktivität mit Ihren Schülern anzuwenden, lesen Sie das Ziel für diese Aktivität. Dabei kommen Ihnen möglicherweise eigene Ideen, wie Sie dieses Ziel mit Freude lehren und üben können. Wir hoffen, dass Sie und Ihre Schüler inspiriert werden, Ihre eigenen Wege zu finden, die GFK-Fähigkeiten zu üben.

Wie wir unser Bedürfnis nach Freude und Entwicklung erfüllen möchten: Wir heißen zusätzliche Aktivitäten für zukünftige Auflagen dieses Buches willkommen. Wir laden Sie ein, uns Aktivitäten oder Spiele zuzuschicken, die Sie geschaffen haben und/oder in Ihrem Unterricht angewendet haben, um GFK-Fähigkeiten zu lehren und zu üben. Wir werden diese Geschenke würdigen, indem wir sie zur Berücksichtigung für künftige Auflagen dieses Buches vorschlagen werden.

Die Beiträge zu diesem Teil der Aktivitäten und Spiele wurden von folgenden Personen beigesteuert: Diane Arrigoni, Marcelline Brogli, Marilyn Fiedler, Jillian Froebe, Pamela Fuller, Sura Hart, Rita Herzog, Patty Hodgson, Lois Hudson, Holley Humphrey, Inbal Kashtan, Miki Kashtan, Elizabeth Kerwin, Victoria Kindle Hodson, Marlene Maskornick, Liv Monroe, Natasha Rice, Robin Rose und Fred Sly.

Einige Reflexionsfragen zu den Aktivitäten

→ Gibt es etwas, das Ihnen in Bezug auf diese Aktivität gefallen hat?

→ Gibt es etwas, das Ihnen in Bezug auf diese Aktivität nicht gefallen hat?

→ Welche Gefühle sind bei Ihnen während dieser Aktivität aufgetaucht?

→ Welche Ihrer Bedürfnisse wurden zufrieden gestellt? Gibt es Bedürfnisse, die nicht erfüllt wurden?

→ Hat Ihnen diese Aktivität geholfen, etwas über sich selbst zu erfahren und zu lernen? Über die Gruppe? Über die Welt?

→ Können Sie sich Wege vorstellen, wie Ihnen das, was Sie gelernt haben, in Ihrem Leben hilft?

Aktivitäten und Spiele zum Aufbau von Fähigkeiten in der Gewaltfreien Kommunikation

Thema: Beobachtungen

Titel:	**Zuhören! Zuhören! Zuhören!**
Ziel:	Die Fähigkeit des Zuhörens erweitern
Art der Aktivität:	Interaktives Spiel unter Einsatz von Geräuschen
Gruppengröße:	Die ganze Klasse
Raum/Zeit:	Klassenraum / mind. 10 Minuten
Materialien:	Rhythmus- und Geräuschinstrumente, mit Bohnen gefüllte Glasgefäße oder Aufnahmen von Geräuschen

Vorgehensweise für verschiedene Aktivitäten:

→ Führen Sie die Rhythmusinstrumente oder anderen musikalischen Instrumente vor und bitten Sie die Schülerinnen die Augen zu schließen, während eine Person eines dieser Instrumente spielt oder ein Geräusch macht. Die Schülerinnen versuchen zu raten, mit welchem Instrument das Geräusch gemacht wurde. Wenn sie es nicht zutreffend erraten, helfen Sie, indem Sie Hinweise geben *(z.B.: Es ist ein größeres Instrument. Es ist ein Saiteninstrument.)*, ohne dass Sie die Worte/das Konzept von „richtig" oder „falsch" gebrauchen.

→ Machen Sie Folgen von Klatsch- oder Schnippslauten mit Ihren Händen oder Fingern. Bitten Sie die Schülerinnen jede Folge zu wiederholen. Die Schülerinnen können selbst auch an die Reihe kommen, um ihre eigenen rhythmischen Muster zu erfinden, die sie von den anderen nachmachen lassen.

→ Klingende Flaschen: Benutzen Sie gleich geformte Glasflaschen, in die Sie eine unterschiedliche Anzahl von Bohnen einfüllen. Verbinden Sie den Schülern die Augen und bitte Sie sie, die Flaschen in einer geordneten Abfolge aufzustellen, von der leisesten/höchsten zu der, die am lautesten/tiefsten klingt.

→ Spielen Sie ein Tonband von bekannten und nicht so bekannten Geräuschen vor und unterbrechen Sie, damit die Kinder jedes Geräusch erraten können. Würdigen Sie eine große Bandbreite von Lösungen anstatt nach der „richtigen" Antwort zu suchen.

→ Suchen Sie einen besonderen Ort in der Schule auf, z.B. eine Ecke des Spielplatzes. Lassen Sie die Kinder ihre Augen schließen und lauschen. Wenn sie in die Klasse zurückkehren, bitten Sie sie zu beschreiben, was sie gehört haben.

→ Die Schüler können Gedichte schreiben über die Geräusche, die sie hören: Sommergeräusche, Herbstgeräusche, Klassenraumgeräusche, Küchengeräusche.

Thema: Beobachtungen

Titel:	**Ist das eine Beobachtung?**
Ziel:	Zwischen Beobachtungen und Bewertungen unterscheiden
Art der Aktivität:	Schreiben, sortieren, diskutieren und Spiele spielen
Gruppengröße:	Bis zu 30, Arbeit paarweise und in der ganzen Gruppe
Raum/Zeit:	Tische, an denen die Paare arbeiten können / 30 Minuten
Materialien:	Ein Briefumschlag, der ungefähr 50 Papierstreifen mit Aussagen enthält; durchsichtiges Klebeband; Klebstoff; Bleistift; je 1 Blatt graues, weißes und farbiges Zeichen- oder Tonpapier (DIN A3; Material pro Paar!)

Vorgehensweise:

1. Wiederholen Sie den Unterschied zwischen Beobachtung und Bewertung.

2. Bilden Sie unter den Schülerinnen Paare und bitten Sie jedes Paar, auf das Tonpapier Überschriften zu schreiben: BEOBACHTUNG auf das graue Papier, BEWERTUNG auf das farbige Papier und ein „?" auf das weiße Papier (für Aussagen, bei denen sie unsicher sind).

3. Die Partner lesen sich jeden Aussagestreifen vor und diskutieren, ob es eine Beobachtung oder eine Bewertung ist und dann fixieren sie die Streifen mit Klebeband oder Klebstoff auf den dafür vorgesehenen Blättern.

4. Wenn alle Paare mit der Arbeit fertig sind, treffen sie sich in der großen Gruppe, um sich darüber auszutauschen, was gelernt wurde und um über all die Aussagen zu diskutieren, die in der Klasse auf dem Blatt mit „?" (nicht sicher) platziert wurden.

Variation: „Sammelspiel"

Laminieren Sie einen Satz von Streifen für das „Sammelspiel". Legen Sie alle Streifen verdeckt auf den Tisch. Der erste Spieler deckt zwei beliebige Streifen auf. Wenn die Aussagen ein Paar bilden (zwei Beobachtungen oder zwei Bewertungen), dann behält sie der Spieler und deckt zwei weitere Streifen auf. Wenn die Streifen kein Paar ergeben, werden sie wieder umgedreht (Schrift nach unten) und der nächste Spieler ist an der Reihe.

Ist das eine Beobachtung? – Papierstreifen mit Aussagen

Sie gab mir einen Keks.	Sie ist großzügig.
Als wir das letzte Mal miteinander gespielt haben, endete es damit, dass ich blutete.	Du spielst zu wild.
Er bat mich mitzuspielen.	Er ist wirklich freundlich.
Sie drücken ihre Nasen an die Fenster.	Sie verhalten sich dumm.
Sie rülpste.	Das ist rücksichtslos.
Du hast zehn Mathematikaufgaben beendet.	Du hast so hart gearbeitet.
Du streckst beim Sitzen deine Beine weit aus.	Du nimmst zu viel Raum ein.
Sie strich sich Senf auf ihren Apfel.	Das ist eklig.
Er hat in dieser Woche zwei Bücher gelesen.	Er ist klug.
Du hast dich auf meine Brille gesetzt. Jetzt ist sie zerbrochen.	Du dummer Idiot.
Du bist in mich hineingelaufen.	Du bist so ungeschickt.
Er hat mich aus der Reihe geschubst.	Er ist ein Rüpel.
Du bist drinnen geblieben, nachdem ich dich gefragt habe, ob du rauskommst.	Du bist ein schlechter Sportler.
Du hast die letzten beiden Stücke der Torte gegessen.	Du bist ein selbstsüchtiges Schwein.
Sie sagte, ich könne nicht an dem Spiel teilnehmen.	Das ist gemein.

Ist das eine Beobachtung? – Papierstreifen mit Aussagen

Er sagte dem Lehrer, dass ich den Stift genommen habe.	Er ist ein Petzer.
Sie hat mich besucht, als ich krank war.	Sie ist eine gute Freundin.
Ich habe zwei Stunden damit verbracht, Hausaufgaben zu machen.	Du spielst zu wild.
Da ist Klebstoff auf den Tischen und auf dem Boden.	Du hast zu viele Hausaufgaben.
Sie sagte mir, dass ich blaue Farbe nehmen sollte und nicht grüne.	Unser Lehrer ist fies.
Er stellte mir fortwährend Fragen, als ich versuchte zu schreiben.	Du machst immer eine Riesensauerei.
Ich sah, wie du den Ball auf das Dach geschossen hast und dann hörte ich, wie du dem Lehrer gesagt hast, dass du es nicht gewesen bist.	Sie ist zu herrschsüchtig.
	Er geht mir auf die Nerven.
Er sagte, er würde nicht auf den Baum klettern.	Du bist ein Lügner.
Du unterhältst dich, wenn ich zu lesen versuche.	Was für ein Waschlappen! Er ist ein großes Baby.
Ich habe gesehen, dass du meinen Stift aufgehoben hast und ihn auf deinen Tisch gelegt hast.	Du gehst mir tierisch auf die Nerven.
Sie sagten, dass niemand anderes in ihrem Club mitmachen könne.	Du lenkst mich immerzu ab.
Sie ging weg, als wir sagten, dass wir nicht Fußball spielen wollten.	Du hast schon wieder meinen Stift geklaut, du Dieb.
Du bist mir nicht aus dem Weg gegangen, als ich es dir gesagt habe.	Sie denken, sie wären so cool.
Sie hat meinen Stuhl getreten.	Sie möchte immer ihren Kopf durchsetzen.

Thema: Beobachtungen

Titel: **Spaziergang in der Natur**
Ziel: Die Fähigkeit des Beobachtens vergrößern
Art der Aktivität: In der Natur spazieren gehen, schreiben und/oder
                    Basteln/werken
Gruppengröße: Die ganze Klasse
Raum/Zeit: Draußen, an einem Ort, um zu zeichnen oder zu schreiben/
                    mind. 30 Minuten
Materialien: Pappteller, Klebstoff, eine kleine Tasche für jedes Kind

Vorgehensweise:

Version 1

1. Machen Sie gemeinsam einen Spaziergang in die Natur. Jedes Kind sammelt Gegenstände vom Boden auf: Blätter, Zweige, Tannenzapfen, kleine Kiesel, Samenhülsen usw.

2. Wenn Sie zurückkommen, wählt jedes Kind ein Objekt aus und betrachtet es sorgfältig, um es dann mündlich oder schriftlich zu beschreiben. (Machen Sie es mit jüngeren Schülern mündlich, ältere Schülerinnen oder Erwachsene können schreiben.)

3. Die Kinder können eines oder mehrere Objekte auf einen Pappteller kleben und ihre schriftliche Beschreibung unter dem Objekt anbringen.

Version 2

1. Die Schüler gehen paarweise auf einen Spaziergang in die Natur.

2. Ein Kind schließt seine Augen und hört zu, während sein Partner einen speziellen Baum, Strauch, eine Pflanze, Wolke usw. beschreibt.

3. Dann öffnet der Schüler seine Augen und versucht herauszufinden, was es war, was sein Partner beschrieben hat.

Variationen und Erweiterungen:

Die Kinder wählen sich ein Objekt aus, machen davon eine Skizze oder Zeichnung und verwenden das Objekt als einen Anlass zu schreiben.

Thema: Beobachtungen

Titel:	**Detektivspiel**
Ziel:	Zwischen Beobachtungen und Bewertungen unterscheiden
Art der Aktivität:	Interaktives Spiel
Gruppengröße:	6-20
Raum/Zeit:	Klassenraum / 30-60 Minuten
Materialien:	Bereiten Sie 20 Spielkarten vor: 10 mit einer Bewertung (markiert mit einem „W") und 10 mit den dazugehörigen Beobachtungen (markiert mit einem „O")

Vorgehensweise:

1. Bereiten Sie einen Stapel von Karten vor, indem Sie die Anzahl von zusammengehörigen Kartenpaaren so abzählen, dass jede Schülerin eine Karte bekommt.

2. Mischen Sie die Karten und geben Sie jeder Schülerin eine Karte.

3. Eine Schülerin mit einer „W"-Karte (Bewertung) liest sie laut vor.

4. Die Schülerin, die eine zu dieser Bewertung passende „O"-Karte (Beobachtung) hat, liest ihre Karte laut vor.

5. Nachdem alle ihre Karten vorgelesen haben, bilden die Schüler mit zusammengehörigen Karten Paare.

Variationen und Erweiterungen:

→ Jeder nimmt sich eine Karte und geht entweder in eine Ecke des Raumes, die mit „O" (Beobachtung) markiert ist oder in die andere Ecke des Raumes, die mit einem „W" (Bewertung) markiert ist. Dann suchen die Schüler ihre Partner.

→ Jede nimmt sich eine Karte und die Gruppe läuft durcheinander, bis jede Schülerin ihre Partnerin gefunden hat.

→ Wenn die Paare sich gefunden haben, denken sie sich eine neue Beobachtung und eine dazugehörige Bewertung für künftige Spiele aus.

→ Für jüngere Kinder eignen sich die Worte „Tatsachen" und „Meinungen" vielleicht besser als „Beobachtung" und „Bewertung".

→ Dieses Spiel kann auch bei anderen Aktivitäten genutzt werden, um Paare zu bilden.

Detektivspiel-Karten

Dein Arbeitsblatt ist dreckig.	Dein Arbeitsblatt hat Löcher und Flecken.	Das ist eine blöde Idee.	Ich habe eine andere Idee.
Sie benehmen sich albern.	Sie rollen sich auf dem Boden herum.	Sie ist neugierig.	Sie fragte, was ich gestern getan habe.
Er ist ein guter Schüler.	Er ist mit seinen Aufgaben schneller fertig als andere Schüler.	Sie sind gemein.	Sie sagten, dass ich nicht mitmachen darf.
Sie bekam einen Anfall.	Sie schlug mit ihrer Faust auf den Stuhl.	Er kümmert sich nicht um andere Menschen.	Er geht oft von der Seite mitten in eine Warteschlange.
Er liest ein dickes Buch.	Er liest ein Buch mit 173 Seiten.	Sie ist gierig.	Sie nahm sich die drei letzten Stücke der Pizza.
Er ist ein Petzer.	Er sagte dem Lehrer, dass ich ihm ein Schimpfwort nachgerufen habe.	Er ist genial.	Er hat eine Mathematikaufgabe gelöst, bevor ich sie lösen konnte.
Du bist so aufgedreht.	Du bewegst dich auf deinem Stuhl vor und zurück und der Stuhl wippt.	Sie ist eine Diktatorin.	Sie sagte, dass ich das Springseil zu drehen hätte.
Sie ist nett.	Sie gab mir eine Einladung zu ihrer Geburtstagsparty.	Sie denken, dass sie so großartig sind.	Sie sagten, dass ich nicht an ihrem Tisch sitzen könne.

Detektivspiel-Karten

Das ist eklig.	Er tut sich saure Gurken in die Suppe.	Was für ein verzogener Bengel.	Er nahm sich den Ball und warf ihn auf die Straße.
Das war ein schrecklicher Film.	Mir hat dieser Film keinen Spaß bereitet.	Du bist der Liebling des Lehrers.	Der Lehrer bat dich, die Klassenarbeiten auszuteilen.
Er ist so unhöflich.	Er nahm sich mein Skateboard ohne zu fragen.		
Brigitte ist fies.	Brigitte nannte mich dumm.		
Sie ist eine Petze.	Sie erzählte anderen Leuten, was ich ihr gesagt hatte.		
Er versucht, Aufmerksamkeit zu erregen.	Er kam in seinem Fußballtrikot in die Schule.		
Sie stellt sich immer zur Schau.	Sie bürstet sich ihr Haar während des Unterrichts.		
Er stellt sich immer zur Schau.	Er färbt sein Haar violett und grün.		

Thema: Beobachtungen

Titel: **Glückskekse**
Ziel: Zwischen Beobachtungen und Bewertungen unterscheiden
Art der Aktivität: Spiel
Gruppengröße: 5-15
Raum/Zeit: Klassenraum / 20 Minuten
Materialien: Chinesische Glückskekse*; 5-10 braune Papierquadrate oder Kreise (Durchmesser 5-10 cm) pro Schülerin; eine Tabelle mit drei Spalten und den Überschriften: Glück, Beobachtung, Bewertung

Vorgehensweise:

1. Geben Sie jeder Schülerin einen Glückskeks. Veranlassen Sie sie, den Keks, eine nach der anderen, zu öffnen und die Glücksbotschaft zu lesen. Fragen Sie nach, ob es wirklich eine Glücksbotschaft oder eine Beobachtung oder eine Bewertung ist. Notieren Sie die Botschaften in der zugehörigen Spalte auf dem Flipchart oder an der Tafel, während die Schülerinnen ihre Kekse verspeisen.

2. Nachdem alle Schülerinnen ihre „Glücksbotschaften" vorgelesen haben, schreibt jede ihre eigene „Glücksbotschaft" (Glücksbotschaft, Beobachtung, Bewertung). Dazu können die runden oder quadratischen Papierstücke aus braunem Papier verwendet werden. Diese werden dann doppelt gefaltet, um den Glückskeksen zu ähneln. Sie können ältere Schülerinnen bitten, je eine Aussage für jede Kategorie an die Flip-Chart oder Tafel zu schreiben.

3. Die „Kekse" werden in eine Schüssel gelegt. Eine Schülerin nach der anderen wählt sich einen Keks, liest den Inhalt vor und sagt, ob es eine Glücksbotschaft, eine Beobachtung oder eine Beurteilung ist. Nach dem Feedback aus der Gruppe klebt der Schüler das Papier in die zugehörige Spalte auf der Flipchart oder Tafel.

---

* Chinesische Glückskekse können Sie online über verschiedene Anbieter oder in Asien-Shops kaufen. Im Internet finden Sie auch Rezepte zum Selberbacken.

Thema: Gefühle

Titel:	**Buch der Gefühle**
Ziel:	Anerkennen, dass jeder Mensch Gefühle hat und dass wir angesichts der gleichen Ereignisse unterschiedliche Gefühle empfinden
Art der Aktivität:	Schreiben und zeichnen
Gruppengröße:	Keine Einschränkung
Raum/Zeit:	Tische oder andere Plätze zum Zeichnen / mind. 20 Minuten und mehr
Materialien:	Papier für die Buchseiten; Stifte oder Farben; Material für Bucheinbände (Tonpapier, Pappordner, Geschenkpapier, Tapete)

Vorgehensweise:

1. Bitten Sie die Schülerinnen, in kleinen oder großen Gruppen, an Situationen zu denken, in denen sie Angst haben. Um die Diskussion anzuregen, können Sie eine Geschichte vorlesen oder Illustrationen zeigen, die dazu geeignet sind, Gefühle hervorzulocken.

2. Bitten Sie jedes Kind, ein Bild zu malen, das seine eigene Situation verdeutlicht.

3. Erstellen Sie daraus ein Klassenbuch mit dem Titel: „Ich habe Angst, wenn ...“

Variationen und Erweiterungen:

1. Erstellen Sie weitere Bücher: „Ich fühle mich zufrieden, wenn ...“; „Ich bin frustriert, wenn ...“; „Ich bin neugierig, wenn ...“

2. Bitten Sie die Schülerinnen in der großen Gruppe zu entscheiden, welche Gefühle und welche Situation sie gerne illustrieren möchten. Tragen Sie alle die illustrierten Situationen in einem Klassenbuch zusammen, das einen Titel tragen könnte wie: „Wir alle haben Gefühle.“

Thema: Gefühle und Bedürfnisse

Titel:	**Gefühlsblätter**
Ziel:	Die Verbindung zwischen Gefühlen und Bedürfnissen sehen: Gefühle entstehen aus unseren erfüllten und unerfüllten Bedürfnissen
Art der Aktivität:	Basteln/werken
Gruppengröße:	5-30
Raum/Zeit:	Klassenraum / 30 Minuten
Materialien:	Quadrate aus grünem Papier für die Blätter; ein großes Poster mit zwei großen Bäumen, jeder mit vielen leeren Ästen. Ein Baum hat nach oben gewendete Äste und trägt den Namen: Wenn Bedürfnisse erfüllt werden. Der andere Baum hat nach unten gebogene Äste. Der Baum trägt den Namen: Wenn Bedürfnisse nicht erfüllt werden.

Vorgehensweise:

1. Stellen Sie das Konzept der universellen Bedürfnisse vor und stellen Sie eine Liste der Bedürfnisse zusammen, bevor Sie diese Übung durchführen. (Die Liste der Bedürfnisse finden Sie in Kapitel 4.)

2. Fragen Sie: „Woher kommen Gefühle?" und hören Sie die Antworten der Schüler.

3. Äußern Sie den Gedanken, dass alle unsere Gefühle von unseren Bedürfnissen ausgehen. Einige Gefühle entstehen, wenn unsere Bedürfnisse erfüllt werden („Welche Gefühle habt ihr, wenn euer Bedürfnis nach Hunger erfüllt wird? Oder nach Spiel? Oder danach, etwas Neues zu lernen?"). Andere Gefühle entstehen, wenn unsere Bedürfnisse nicht erfüllt werden. („Welche Gefühle habt ihr, wenn euer Bedürfnis nach Ruhe nicht erfüllt wird? Oder nach Respekt? Oder nach Freundschaft?")

4. Jeder Schüler faltet ein Stück grünes Papier in der Mitte und reißt dann die Ecken so ab, dass das restliche Papier wie ein Blatt aussieht. Bitten Sie die Schüler, ein Gefühlswort auf jedes Blatt zu schreiben. (Sie könnten auch vorgeschnittene Blätter vorbereiten, auf die Sie bereits die Gefühlswörter geschrieben haben.) Die Schüler platzieren dann der Reihe nach die Blätter auf dem entsprechenden Baum. (Anmerkung: Einige Gefühlswörter, wie z.B. „überrascht" können an beide Bäume geklebt werden.)

Thema: Gefühle

Titel:	**Das Gefühlsdreieck**
Ziel:	Verstehen, dass Menschen unterschiedliche Gefühlsreaktionen in der gleichen Situation haben
Art der Aktivität:	Bewegung
Gruppengröße:	Keine Einschränkung
Raum/Zeit:	Raum, um sich zu bewegen / mind. 20 Minuten
Materialien:	Drei große Schilder, jedes beschriftet mit *Ärger, Furcht, Schmerz*

Vorgehensweise:

1. Die drei Schilder sind in einem Dreieck im Raum platziert. Auf jedem steht ein Wort: Ärger, Furcht (verängstigt), Schmerz (traurig).

2. Lesen Sie eine Aussage vor und bitten Sie die Schülerinnen, sich in dem Dreieck an den Ort zu bewegen, der nach ihrer Wahrnehmung am ehesten dem entspricht, wie sie sich angesichts der genannten Situation fühlen könnten. Wenn sie sich vorstellen, dass sie hauptsächlich eines der drei Gefühle empfinden, stellen sie sich auf die entsprechende Ecke des Dreiecks. Wenn sie eine Mischung von Gefühlen haben, gehen sie zu einem Punkt, der diese Mischung darstellt. Wenn nichts innerhalb des Dreiecks für sie stimmt, stellen sie sich außerhalb des Dreiecks auf.

3. Lesen Sie die Aussagen einzeln vor, bis das Interesse abnimmt. Diskutieren Sie: Was habt ihr bei diesem Spiel beobachtet?

Welche Gefühle hattet ihr dabei, dass sich die Schülerinnen in unterschiedliche Ecken des Raumes bewegt haben?

Was hast du gefühlt, als die anderen Schüler sehen konnten, wie du dich bei dieser Situation fühlst?

Was hast du gelernt?

Aussagen (passen Sie diese an Ihre Klasse an):

1. Einer deiner Mitschüler nennt dich vor der Klasse „dumm".

2. Du siehst, wie ein größeres Kind ein kleineres Kind herumschubst.

3. Du hörst jemanden einen Witz über ein anderes Kind in deiner Klasse machen.

4. Du machst eine Menge Fehler bei deinen Mathehausaufgaben.

5. Ein Kind, mit dem du gerne spielen möchtest, sagt, dass es nicht mit dir spielen will.

6. Du fällst hin und zerreißt dir dein neues Hemd.

7. Dein bester Freund erklärt dir, dass er nicht mehr dein Freund sein möchte.

8. Du bist den zweiten Tag in Folge zu spät zum Unterricht erschienen.

9. Deine Freundin hat gesagt, dass sie dich nach der Schule anrufen würde und sie hat es nicht getan.

10. Es ist eine halbe Stunde später, als deine Mutter gesagt hat, dass sie dich abholen würde und sie ist noch nicht gekommen.

In Anlehnung an das CNVC Modul Training, © 2002 Inbal Kashtan & Miki Kashtan, Center for Nonviolent Communication (CNVC)

Thema: Gefühle

Titel:	**Drei kleine Worte**
Ziel:	Gefühle in „fremdem" Besitz (Schuld) in „eigene" Gefühle übersetzen
Art der Aktivität:	Demonstration, Gespräch
Gruppengröße:	Die ganze Klasse
Raum/Zeit:	Stuhlkreis, so dass sich alle gegenseitig sehen können / mind. 15 Minuten
Materialien:	Eine massive Gummikugel; ein Holzklotz; ein Radiergummi; Erdnüsse; ein Granatapfel

Vorgehensweise:

Besprechen Sie das Konzept der Gefühle in „eigenem" und „fremdem" Besitz. Unsere Gefühle sind in unserem „eigenen" Besitz, wenn wir sie erkennen und die Verantwortung für sie übernehmen. Wenn wir andere Menschen für unsere Gefühle verantwortlich machen, befinden sie sich in „fremdem" Besitz.

Gefühle, die in „fremdem" Besitz sind, können uns unserer Energie berauben. Wenn die Schülerinnen das sehen und/oder fühlen können, und sie sich entscheiden so zu reden, dass sie als Besitzerinnen ihrer Gefühle erscheinen, kann sich ihnen eine ganz neue Welt der Klarheit, Ehrlichkeit und Verantwortlichkeit erschließen. Sobald wir zu jemandem sagen, „du verursachst meine Gefühle" geben wir unsere ganze Energie fort. Wir gewinnen unsere Energie zurück, wenn wir unsere Gefühle in Besitz nehmen und die drei kleinen Worte verwenden: „Ich fühle mich ..."

Demonstration:

Der Lehrer hält eine massive Gummikugel hoch:
„Manchmal entziehen sich Dinge unserem direkten Einblick. Denkt ihr, dass sich etwas in diesem Ball verbirgt?"
Wiederholen Sie die Demonstration mit dem Holzklotz und dem Radiergummi.
„Wie steht es mit diesem Granatapfel? Mit diesen Erdnüssen?"
Öffnen Sie eine Erdnuss, um das Innere zu zeigen.
„Konnten wir sehen, was sich darin verborgen hat, bevor wir sie öffneten? Nein, denn es hat sich ‚versteckt'. Manchmal können auch Worte Dinge verstecken. Wie aber können wir Worte öffnen, um zu sehen, was sich in ihnen verbirgt? Lasst uns die drei Wörter ‚du machst mich' betrachten. Kann jemand einen Satz damit bilden? Überprüft jetzt einmal, wie ihr euch fühlt, wenn ich solche Sätze zu euch sage wie: ‚Ihr macht mich ärgerlich', ‚Ihr macht mich nervös', ‚Ihr macht mich besorgt'. Nimmt jemand von euch Gefühle in seinem Inneren wahr, wenn ich das sage? Was denkt ihr, ist geschehen? Klingt es, als ob ich euch beschuldige, wenn ich diese Worte verwende?"

Fahren Sie fort: „Wenn ich mich verwirrt fühle, würdet ihr dann gerne hören, dass ich euch sage: ‚Ihr habt mich konfus gemacht‘? Denkt ihr, dass ich die Absicht hatte, euch zu beschuldigen oder dass ich davon sprechen wollte, was sich in mir drinnen abspielt? In welcher Weise haben diese drei Wörter ‚ihr macht mich‘ etwas mit dieser Erdnuss zu tun?"

„Wenn ich das Gefühl habe, ‚aufgebracht zu sein‘, würdet ihr es dann vorziehen, dass ich sage: ‚Ihr macht mich dermaßen verrückt‘ oder würdet ihr es bevorzugen, dass ich meine Gefühle selbst besitze und sage, dass ich mich aufgebracht fühle, ohne irgendeine versteckte Beschuldigung zu äußern?"

Finden Sie noch weitere beschuldigende Sätze und bitten Sie die Schülerinnen, diese in Aussagen zu übersetzen, die etwas über das eigene Gefühl sagen.

Beispiel: Wenn ich diese beschuldigende Aussage mache: „Du machst mich nervös", wie könnte ich diesen Satz so verändern, dass ich etwas über mein eigenes Gefühl sage und nur diese drei kurzen Worte verwende? (Übersetzung: „Ich bin nervös" oder „Ich fühle mich nervös".)

Weitere Beispiele:
„Sie machen mich verlegen" oder „Sie bringen mich in Verlegenheit". (Übersetzung: „Ich bin verlegen" oder „Ich fühle mich verlegen".)
„Er macht mich (so) wütend." (Übersetzung: „Ich bin wütend" oder „Ich fühle mich wütend".)
„Sie macht mich ärgerlich." (Übersetzung: „Ich bin ärgerlich" oder „Ich fühle mich verärgert".) „Es macht mich besorgt." (Übersetzung: „Ich bin besorgt" oder „Ich mache mir Sorgen".)

Variationen und Erweiterungen:

→ Fügen Sie hinzu, was Sie sich wünschen: „Ich bin nervös. Ich wünschte, ich könnte mich entspannen."
→ Um eine Veränderung zu bewirken, verändern Sie den Satz: „Du bringst mich in Verlegenheit." (Übersetzung: „Ich bin verlegen" oder „Ich fühle mich verlegen".)
→ Kehren Sie die Situation um und lassen Sie es die Schülerinnen paarweise ausprobieren: Jemand sagt zu dir: „Du machst mich (so) nervös." Raten Sie das Gefühl der anderen Person: „Du fühlst dich nervös? Bist du nervös?"

In Anlehnung an *Games for Speaking Compassion: Fun ways to teach Nonviolent Communication to Kids* von H. Holley Humphrey. Empathy Magic Press, www.empathymagic.com, Tel. 001-541-862-2043.

Thema: Gefühle

Titel:	**Besitzer hoch – Sieben hoch**[*]
Ziel:	Beschuldigungen in Gefühlsausdrücke übersetzen
Art der Aktivität:	Spiel (nach dem Vorbild von „Köpfe hoch – Sieben hoch")
Gruppengröße:	Die ganze Klasse
Raum/Zeit:	Klassenraum mit den Schülern, die an ihren Tischen sitzen / mind. 20 Minuten
Materialien:	Bleistifte oder Kugelschreiber; Karteikarten; indizierte Karten oder Skizzenpapier (wenn möglich laminiert)

Vorbereitung:

Schauen Sie sich noch einmal das Konzept der Gefühle in „eigenem" und „fremdem" Besitz an. (Siehe *Drei kleine Worte.*) Erzählen Sie mehrere Beispiele, damit alle das Konzept verstehen können.

Schreiben Sie die folgenden Sätze auf Karten:

1. Das macht mich so ...
2. Du machst mich so ...
3. Sie machen mich so ...
4. Es macht mich so ...
5. Sie macht mich so ...
6. Er macht mich so ...
7. Das löst bei mir das Gefühl ... aus.
8. Du löst bei mir das Gefühl ... aus.
9. Sie lösen bei mir das Gefühl ... aus.
10. Es löst bei mir das Gefühl ... aus.
11. Sie löst bei mir das Gefühl ... aus.
12. Er löst bei mir das Gefühl ... aus.
13. Das verletzt mich, wenn ...
14. Er verletzt meine Gefühle, wenn ...
15. Sie verletzen mich, wenn ...
16. Sie verletzen meine Gefühle.

---

[*] Bei dem Spiel „Heads up – Seven up" handelt es ich um ein bekanntes Kinderspiel aus dem englischen Sprachraum. (A.d.Ü.)

Vorgehensweise:

1. Bitten Sie die Schüler, ihre Köpfe auf die Tischplatte zu legen, so dass sie einander nicht sehen können. Dabei halten sie einen Daumen hoch, so dass sie gewählt werden können.

2. Sieben Kinder werden ausgewählt und „kommen dran"; sie werden die „Sieben hoch" genannt.

3. Nun wählt jedes Kind aus der Gruppe der „Sieben hoch" eine Karte aus und geht im Raum herum, um zu entscheiden, wem es die Karte gibt. Wenn es die Karte auf den Tisch eines anderen Kindes legt, drückt es sanft den Daumen dieses Kindes hinunter. Das Kind mit dem „berührten Daumen" ist jetzt einer der möglichen neuen „Besitzer".

4. Ein vorher bestimmtes Kind sagt nun: „Besitzer hoch, sieben hoch." Das heißt, dass sich die „Sieben hoch"-Gruppe an der Frontseite des Raumes aufstellt und die neuen „Besitzer" sich neben ihren Tischen hinstellen. Einzeln lesen die Besitzer ihre Karten vor und übersetzen sie in Aussagen, so dass die Gefühle in „eigenem" Besitz sind und äußern dann eine Vermutung, welches von den sieben Kindern ihnen diese Karte gegeben hat.

Wenn sie es richtig geraten haben, werden sie ein Mitglied einer neuen „Sieben hoch"-Gruppe für das folgende Spiel und der „Fänger" setzt sich hin. Wenn ein Kind nicht richtig rät, sagt das benannte Kind einfach „Nein, ich nicht". Es wird nicht aufgedeckt, welches Kind es wirklich war und es kann ein weiteres Mal als Mitglied bei der „Sieben-hoch"-Gruppe mitspielen.

In Anlehnung an *Games for Speaking Compassion: Fun ways to teach Nonviolent Communication to Kids* von H. Holley Humphrey. Empathy Magic Press, www.empathymagic.com, Tel. 001-541-862-2043.

Thema: Bedürfnisse

Titel:	**Schatzkisten**
Ziel:	Die Bedeutung von Werten und Bedürfnissen erkennen
Art der Aktivität:	Basteln/werken und schreiben
Gruppengröße:	5-15
Raum/Zeit:	Klassenraum / 30 Minuten
Materialien:	Farbige Papierschnipsel, die in Juwelenform geschnitten sind; ein Umschlag (Schatzkiste) für jedes Kind; Bastelmaterial wie Klebstoff, Glitter, Federn, Folie

Vorgehensweise:

1. Leiten Sie dieses Spiel ein, indem Sie alle Kinder in der Klasse fragen, wann sie sich am fröhlichsten, glücklichsten und/oder zufriedensten fühlen. Schreiben Sie Antworten der Schüler an die Tafel. Um das Denken anzuregen, fragen Sie die Schüler, was ihnen an Beziehungen, bei sich selbst, bei anderen, an der Natur, in der Schule, zu Hause, während ihrer Freizeit wertvoll und kostbar ist.

2. Sagen Sie, dass unsere Bedürfnisse und Werte wie kostbare Juwelen in unserem Leben sind.

3. Bitten Sie die Schüler, auf die Papier-„Juwelen" zu schreiben, was ihnen wichtig ist.

4. Geben Sie jeder Schülerin einen Umschlag, um ihn als Schatzkiste für ihre Juwelen zu verzieren.

5. Finden Sie Freiwillige, die sich bei Gesprächen in kleinen oder großen Gruppen mit den anderen über ihre Juwelen austauschen.

6. Option: Befragen Sie die Klasse nach gemeinsamen Bedürfnissen und Werten, die allen wichtig sind. Lassen Sie alle Juwelen in der Klasse auslegen.

Thema: Bedürfnisse

Titel:	**Bedürfnis-Collage**
Ziel:	Die Kinder daran gewöhnen, Bedürfnisse ins Denken einzubeziehen
Art der Aktivität:	Basteln/werken und schreiben
Gruppengröße:	Die ganze Klasse, aufgeteilt in Paare oder kleine Gruppen
Raum/Zeit:	Tische, um daran zu arbeiten / mind. 30 Minuten
Materialien:	Zeitschriften; Scheren; Kleber; Marker; Zeichenstifte; ein großes Zeichenpapier (Flipchart-Bogen) für jedes Paar oder jede Gruppe

Vorgehensweise:

1. Schauen Sie die Liste der Bedürfnisse an (siehe Kapitel 4).

2. Arbeiten Sie in Paaren oder in den kleinen Gruppen. Diese suchen in den Zeitschriften nach Abbildungen, die darstellen, dass Bedürfnisse einer Person erfüllt wurden und schneiden sie aus. Lassen Sie die Schüler auch Abbildungen suchen, die zeigen, dass Bedürfnisse nicht zufrieden gestellt wurden.

3. Jede Gruppe unterteilt ihr Papier in der Mitte. Die eine Hälfte des Blattes erhält die Überschrift „erfüllte Bedürfnisse" und die andere Hälfte „unerfüllte Bedürfnisse".

4. Die Schüler kleben ihre Abbildungen in die passenden Spalten auf ihrem Arbeitsblatt und schreiben das/die spezifische(n) Bedürfnis(se) unter jede Abbildung. (Option: Die Schüler können in einem Bild beides, erfüllte und unerfüllte Bedürfnisse erkennen und eine Collage anfertigen, die beides darstellt.)

5. Wenn jedes Paar oder jede Gruppe ihre Collage fertig gestellt hat, können sie die Ergebnisse mit der restlichen Klasse teilen.

Variationen und Erweiterungen:

Die Paare/Gruppen können ihre Arbeiten zu einer großen Klassen-Collage zusammentragen.

Thema: Bedürfnisse

Titel:	**Spaß für dich**
Ziel:	Erkennen, dass wir unser Bedürfnis nach Spaß und Freude auf unterschiedliche Weise erfüllen können
Art der Aktivität:	Schreiben, Diskussion, malen
Gruppengröße:	Die ganze Klasse
Raum/Zeit:	Anpassungsfähig
Materialien:	Zeitschriften, Zeitungen; Bleistifte oder Kugelschreiber

Vorgehensweise:

Aufgaben, die schriftlich, durch eine Diskussion oder eine Zeichnung bearbeitet werden können:

1. Finde etwas, das du tun kannst, um dein Bedürfnis nach Spaß zu erfüllen: Etwas, das du alleine tun kannst? Das weniger als eine Minute beansprucht? Das kein Geld kostet? Das du an einem regnerischen Tag zu Hause tun kannst?

2. Finde etwas, das du getan hast, um dein Bedürfnis nach Spaß heute zu erfüllen.

3. Finde etwas, das du getan hast, um Spaß zu haben, als du noch jünger warst.

4. Finde etwas, das du gerne tun würdest, um Spaß während der Ferien zu haben.

5. Wann macht dir Lernen am meisten Spaß?

6. Was ist der größte Spaß, den du jemals in der Schule erlebt hast?

7. Wenn Spaß eine Farbe hätte, welche Farbe wäre das?

8. Finde eine Mitschülerin in deiner Gruppe, die daran Spaß hat, etwas zu tun, das du noch nie getan hast.

9. Warum ist es nützlich, viele Arten zu kennen, wie du dein Bedürfnis nach Spaß erfüllen kannst?

10. Wie fühlst du dich, wenn dein Bedürfnis nach Spaß erfüllt wird?

11. Wie fühlst du dich, wenn dein Bedürfnis nach Spaß nicht erfüllt wird?

12. Wie kannst du mitteilen, wann es dir ein Bedürfnis ist, Spaß zu erleben?

13. Erzähle über eine Situation, in der jemand anderes auf eine Weise Spaß hatte, die für dich oder andere nur schwer zu ertragen war.

14. Hat dich einmal jemand daran gehindert, Spaß zu haben? Was vermutest du, was die Bedürfnisse der anderen Person waren, dich davon abzuhalten?

15. Hast du einmal das Leben eines anderen Menschen mit mehr Freude erfüllt? Was hast du getan?

Thema: Bedürfnisse

Titel:	**Spaß-Tabelle**
Ziel:	Erkennen, dass Menschen ganz unterschiedliche Wege finden, um die gleichen Bedürfnisse zu erfüllen
Art der Aktivität:	Diskussion in kleinen Gruppen
Gruppengröße:	Die ganze Klasse
Raum/Zeit:	Raum für Kleingruppenarbeit / mind. 20 Minuten
Materialien:	Ein kopiertes Blatt mit Spalten für jede Gruppe: eine Spalte trägt den Titel: „JEDER in unserer Gruppe hat Spaß, dies zu tun", die andere Spalte: „EINIGE Schüler in unserer Gruppe haben Spaß, dies zu tun"; die Liste der Bedürfnisse, auf Postergröße kopiert

Vorgehensweise:

1. Hängen Sie die Liste der Bedürfnisse an die Wand (siehe Kapitel 4). Sprechen Sie über unsere Bedürfnisse nach Spaß.

2. Demonstrieren Sie das Spiel vor der Klasse: Setzen Sie sich in einen Kreis mit drei Freiwilligen. Sagen Sie etwas wie: „Für mich ist Schwimmengehen eine Möglichkeit, mein Bedürfnis nach Spaß zu erfüllen. Macht euch das auch Spaß?" Wenn alle in Ihrer kleinen Gruppe ja sagen, schreiben Sie „Schwimmen" auf das Blatt in die Spalte: „JEDER in unserer Gruppe hat Spaß, dies zu tun". Wenn alle „Nein" sagen, schreiben Sie „Schwimmen" in die Spalte: „EINIGE Schüler in unserer Gruppe haben Spaß, dies zu tun". Reichen Sie das Blatt an das Kind neben Ihnen weiter. Es sagt etwas, an dem es Spaß hat und wiederholt den Prozess.

3. Teilen Sie die Klasse in Gruppen von 3-5 Schülern und Schülerinnen auf und bitten Sie die Gruppen, Ihrer Anleitung zu folgen und ihre Tabelle auszufüllen. (Anmerkung: Bitten Sie sie, an Möglichkeiten zu denken, wie sie Spaß haben können, die keine Probleme für andere verursachen).

4. Treffen Sie sich wieder in der gesamten Gruppe zu einem großen Kreis, um zu teilen, was alle aus dieser Übung gelernt haben.

Möglichkeiten zur Diskussion:

→ Machen Sie die Aussage: „Wir alle haben die gleichen grundlegenden Bedürfnisse. Jedoch können sich die Handlungen, die jeder von uns wählt, um diese Bedürfnisse zu erfüllen, von Mensch zu Mensch unterscheiden." Bitten Sie um Beispiele aus den kleinen Gruppen.

→ Wenn die Schüler nahe bei den Kindern sitzen, die in ihrer Gruppe waren, dann reichen Sie einen Gegenstand, z.B. einen kurzen Holzstab, im Kreis herum und laden Sie jeden Schüler ein, eine Sache zu sagen, die er während der Übung entdeckt hat.

→ Schreiben Sie an die Tafel: „Wir alle haben ein Bedürfnis nach Spaß, aber wir erfüllen dieses Bedürfnis auf unterschiedliche Weise." Fragen Sie Schüler, ob sie mit dieser Aussage einverstanden sind oder ob sie anderer Meinung sind. Bitten Sie sie, ihre Antworten mit Beispielen aus ihren kleinen Gruppen zu stützen.

→ Stellen Sie mit Hilfe einander überlappender Kreise dar, wie die Schüler sich vorstellen, dass ihr Bedürfnis nach Spaß erfüllt wird.

Thema: Bedürfnisse

Titel:	**Kette der Zugehörigkeit**
Ziel:	Die vielen Möglichkeiten wertzuschätzen, wie wir unsere Bedürfnisse erfüllen können
Art der Aktivität:	Diskussion, schreiben, basteln/werken
Gruppengröße:	Die ganze Klasse
Raum/Zeit:	Klassenraum / fortlaufendes Projekt
Materialien:	Ein großes Poster mit Bedürfnissen; viele Papierstreifen (5 x 20 cm) in vielen Farben; einen DIN A4-Umschlag für jede Schülerin; Klebstoff, Klebeband oder Heftklammern

Vorgehensweise:

1. Beziehen Sie sich auf das Poster mit den grundlegenden Bedürfnissen und wiederholen Sie das Bedürfnis nach Zugehörigkeit.

2. Bilden Sie einen Stuhlkreis und reichen Sie einen Gegenstand, z.B. einen kurzen Holzstab, im Kreis herum und geben Sie jeder Schülerin die Gelegenheit einen Weg zu nennen, wie Menschen ihr Bedürfnis nach Zugehörigkeit erfüllen können. Stellen Sie heraus, dass ein Weg, dieses Bedürfnis zu erfüllen, sein kann, uns in einem Kreis mitzuteilen.

3. Bitten Sie Schülerinnen, auf jeden Papierstreifen einen Weg zu schreiben, wie das Bedürfnis nach Zugehörigkeit erfüllt werden kann. Bitten Sie sie, an jedem Ende des Papierstreifens einen freien Rand von 2 cm zu belassen, damit die Streifen zu einer Kette verbunden werden können, ohne das Geschriebene zu beschädigen.

4. Machen Sie folgende Vorschläge oder schreiben Sie diese an die Tafel:
   → Schreib den Namen eines Freundes auf und was ihr zusammen macht.
   → Schreib den Namen eines Freundes auf und male ein Bild dazu, was ihr zusammen macht.
   → Beschreibe eine Gruppe, der du angehörst.
   → Schreib etwas auf, das du tun kannst, um dich mit anderen an der Schule zu verbinden.
   → Schreib über eine kleine Sache, die jemand getan hat und die dir geholfen hat, dein Bedürfnis zu erfüllen, dazuzugehören, z.B.: „Sie rutschte zur Seite, um Platz für mich im Kreis zu machen."
   → Schreib über etwas, das du getan hast, das jemand anderem geholfen hat, sein Bedürfnis nach Zugehörigkeit zu erfüllen.

5. Bewahren Sie die Streifen in den einzelnen Umschlägen oder in einem Umschlag für die ganze Klasse auf, bis Sie Zeit finden die Kette zusammenzusetzen.

6. Sehen Sie am Ende jedes Schultages Zeit zur Reflexion vor. Fragen Sie, was die Schülerinnen an diesem Tag getan haben und was ihnen geholfen hat, ihr Bedürfnis „dazuzugehören" zu erfüllen. Schreiben Sie diese Ideen auf Verbindungselemente und bewahren Sie auch diese Streifen in einem Umschlag auf, bis Sie Zeit finden, die Kette zusammenzusetzen.

7. Nachdem Sie eine Vielzahl von Streifen gesammelt haben, setzen Sie die Kette zusammen und hängen Sie sie im Klassenraum auf.

8. Feiern Sie, wie das Bedürfnis nach Zugehörigkeit durch jede und jeden erfüllt wurde, indem alle ihren Teil zu der Kette beigetragen haben.

Thema: Das ganze Modell

Titel:	**Zusammensuch-Spiel**
Ziel:	Schwierige Gesprächssituationen in die Sprache der Gewaltfreien Kommunikation übersetzen
Art der Aktivität:	Schreiben und miteinander interagieren
Gruppengröße:	Mindestens 8
Raum/Zeit:	Am ersten Tag werden Aussagen gesammelt, am zweiten Tag wird gespielt
Materialien:	Papier; Bleistifte, um verschiedene 4-Schritte Aussagen zu schreiben, wobei jeder Schritt auf eine extra Karte geschrieben wird

Beispiel: (ein Schritt pro Karte)

Beobachtung: Du hast „NEIN" gesagt.

Gefühl: Ich war verwirrt.

Bedürfnis: Ich möchte gerne verstehen.

Bitte: Würdest du mir bitte erklären, warum du „NEIN" gesagt hast?

Stellen Sie genügend Aussagen zusammen, damit für jeden Schüler eine Karte vorhanden ist.

Vorgehensweise:

1. Die Schüler berichten über schwierige Gesprächssituationen, die sie erlebt haben. Dabei werden auch die jeweils wichtigsten Umstände und der Kontext der Situation berücksichtigt.

2. Der Lehrer oder eine Gruppe freiwilliger Schüler nimmt die Situationen auf und übersetzt sie in GFK-Aussagen (sie verwenden dabei die vier Schritte: Beobachtungen, Gefühle, Bedürfnisse, Bitten) und schreibt jeden Schritt auf eine andere Karte.

3. Mischen Sie alle Karten und bitten Sie jeden Schüler, eine Karte zu ziehen. Dann gehen die Schüler im Raum umher und versuchen, die Schüler zu finden, die die drei anderen Teile ihrer Aussage haben.

4. Wenn alle vier Mitglieder einer Gruppe sich finden, liest jeder seine Vier-Schritte-Aussage der gesamten Gruppe vor.

Thema: Das ganze Modell

Titel:	**Geschichten**
Ziel:	Fähigkeiten entwickeln, Beobachtungen zu machen, Gefühle und Bedürfnisse zu erraten und Bitten zu formulieren
Art der Aktivität:	Diskussionen in der Klasse
Gruppengröße:	Gesamte Klasse, große oder kleine Gruppen
Raum/Zeit:	Keine Einschränkungen
Materialien:	Dem Alter der Schüler angepasste Fotos oder Abbildungen von Menschen; ein Buch mit Fotografien von Menschen kann benutzt werden oder Fotos aus Zeitschriften
Vorbereitung:	Die Schülerinnen sollten mit Beobachtungen, Gefühlen, Bedürfnissen und Bitten vertraut sein

Vorgehensweise:

Die Schülerinnen schauen sich ein Foto an und beantworten Fragen.

Beobachtungen:

Was passiert auf dem Bild? Was seht ihr?
Wie könnt ihr wissen, was da gerade geschieht? Würde eine Videokamera auch das sehen, was ihr gerade beschreibt?

Gefühle:

Was könnten die Person oder die Menschen fühlen?
Was würdest du in dieser Situation fühlen?

Bedürfnisse:

Was denkst du, welche Bedürfnisse die Menschen hier auf diesem Bild haben?
Was sonst könnten sie benötigen?
Welche Bedürfnisse würdest du in dieser Situation haben?

Bitten:

Was denkst du, würde eine der Personen auf der Abbildung erbitten wollen?
Was würde die Person sagen, wenn sie ihre Bitte äußert?

Variationen und Erweiterungen:

1. Schreiben Sie die Antworten auf Karten und befestigen Sie diese an einer Pinnwand unter den Fotos.

2. Aktivität für eine kleine Gruppe: Jede Gruppe wählt eine Abbildung und schreibt oder erzählt eine Geschichte dazu, wobei sie folgende Fragen beantwortet: Was ist vorher geschehen? Und was geschieht jetzt? Schreibt die Geschichte zu Ende, so dass die erkannten Bedürfnisse erfüllt werden.

3. Schreibt oder diktiert Tagebucheinträge, die durch die Fotos inspiriert sind, als ob ihr eine der Personen auf dem Foto wäret. Findet die Gefühle und Bedürfnisse heraus und beschreibt, wie die Bedürfnisse der Person erfüllt werden können. Die Geschichte könnte folgenden Titel haben: „Stellt euch vor, was mir heute passiert ist" oder „Wie ich das Problem gelöst habe".

4. Verwenden Sie Literatur anstelle von Fotos: Sprechen Sie mit den Schülerinnen über die Charaktere in der Literatur, lassen Sie sie die Gefühle und Bedürfnisse der Protagonisten herausfinden und beschreiben, wie diese versuchen, ihre Bedürfnisse zu erfüllen.

Thema: Zuhören

Titel:	**Vier Ohren**
Zielsetzung:	Die Wahlmöglichkeiten erhöhen, wie wir Botschaften hören; unterscheiden lernen, ob wir Wolfsbotschaften oder Giraffenbotschaften hören
Art der Aktivität:	Rollenspiele
Gruppengröße:	4-12 (Teilen Sie die Gruppe bei mehr als 12 Teilnehmern)
Raum/Zeit:	Die ganze Gruppe sitzt im Kreis / mind. 20 Minuten
Materialien:	Eine Wolfshandpuppe, zwei Sätze Giraffenohren und zwei Sätze Wolfsohren; Papierohren oder Handsignale können statt der Ohren verwendet werden: Hände auf dem Kopf mit den Handinnenflächen nach vorne gerichtet stehen für Wolfsohren nach außen und mit den Handinnenflächen nach hinten für Wolfsohren nach innen gerichtet; die Handinnenflächen vor dem Herz zum Gegenüber geöffnet stehen für Giraffenohren nach außen und die Handinnenflächen zum Körper geöffnet für Giraffenohren nach innen gerichtet

Vorgehensweise:

1. Erklären Sie die vier Unterscheidungen: die Wolfs- und Giraffenohren, die jeweils nach innen und außen gerichtet getragen werden. Wolfsohren, die nach vorne gerichtet sind bedeuten, die äußere Welt zu beschuldigen, und Ohren, die nach hinten gestellt werden bedeuten, sich selbst zu beschuldigen. Giraffen, die ihre Ohren nach vorne ausrichten, verbinden sich empathisch mit dem Schmerz der anderen Person. Nach hinten gerichtete Ohren besagen, dass die Giraffe sich Einfühlung für ihren eigenen Schmerz gibt.

2. Gestalten Sie die Übung, indem Sie die Schüler fragen: „Was hat jemand zu dir in der Vergangenheit gesagt, das du nicht hören mochtest?"

Antworte auf vier Arten, indem du die Ohren benutzt.

Beispiel:

Eine Schülerin sagt: „Das ist aber ein hässliches Hemd, das du da trägst."
Antwort, mit den Wolfsohren, die nach innen gerichtet sind (selbstkritisch): „Ich hätte niemals dieses Hemd anziehen sollen. Ich habe einen solch schlechten Geschmack."
Antwort mit den Wolfsohren, die nach außen gerichtet sind (kritisch gegenüber anderen): „Du hast selbst einen schrecklichen Geschmack!"
Antwort mit den Giraffenohren, die nach innen gerichtet sind (Selbsteinfühlung): „Ich bin irritiert, weil ich respektiert werden möchte, egal welches Kleidungsstück ich auswähle."

Antwort mit den Giraffenohren, die nach außen gerichtet sind (einfühlsam gegenüber anderen): „Du regst dich auf, weil dir eine andere Art von Kleidung gefällt?"

Variationen:

1. Teilen Sie vier Ohrensets (2 Giraffe, 2 Wolf) an die im Kreis sitzenden Schülerinnen aus.

2. Ein Kind, welches die Wolfshandpuppe erhält, spricht eine schwer zu akzeptierende Aussage aus, wie beispielsweise: „Deine Antwort ist falsch."

3. Die Schülerinnen, die Ohren tragen, reagieren auf die Aussage je nachdem, welche Ohren sie tragen und in welche Richtung die Ohren gerichtet sind.

4. Fragen Sie die Schülerinnen, ob sie dem zustimmen: „Hört sich das wie eine Wolfsantwort oder wie eine Giraffenantwort an?"

5. Wenn alle vier Schülerinnen ihre Antworten geäußert haben, bitten Sie sie, die Ohren nach links weiterzugeben, um vier anderen Schülerinnen Gelegenheit zu geben, zu antworten. Das Kind mit der Wolfshandpuppe gibt diese nach links weiter und diese Schülerin macht eine neue Aussage, die es schwer macht, sie zu hören.

Option: Geben Sie den Schülerinnen neben den schwer zu akzeptierenden Aussagen auch einige, die sie gerne hören werden. Eine der Aussagen kann ganz einfach „NEIN" lauten.

Thema: Zuhören

Titel:	**Welche Ohren trägst du?**
Ziel:	Mehr Wahlmöglichkeiten erleben, wie wir zuhören
Art der Aktivität:	Rollenspiele mit Textvorgaben
Gruppengröße:	Lässt sich für jede Gruppengröße anpassen
Raum/Zeit:	Platz, um im Kreis sitzen zu können / 30 Minuten
Materialien:	Giraffenohren und Wolfsohren; Handsignale können die Ohren ersetzen: Hände auf dem Kopf mit den Handinnenflächen nach vorne gerichtet stehen für Wolfsohren nach außen und mit den Handinnenflächen nach hinten für Wolfsohren nach innen gerichtet; die Handinnenflächen vor dem Herz zum Gegenüber geöffnet stehen für Giraffenohren nach außen und die Handinnenflächen zum Körper geöffnet für Giraffenohren nach innen gerichtet; in Streifen geschnittenes Papier in fünf Farben (rot, grün, blau, violett, gelb) mit jeweils einer Antwort darauf (siehe S. 141).

Vorgehensweise:

1. Geben Sie jedem Schüler einen der Papierstreifen.

2. Es beginnt mit der „roten Reihe". Bitten Sie den Schüler mit der roten „Aussage", seine Aussage laut vorzulesen.

3. Bitten Sie den Schüler mit der roten Antwort Nr. 1 (R1), diese auch laut vorzulesen.

4. Erklären Sie den Schülern, dass es sich bei jedem der Papierstreifen entweder um eine wölfische oder um eine giraffische Art des Zuhörens handelt. Bitten Sie alle, die am Spiel teilnehmen, ihre Hände auf den Kopf oder aufs Herz zu legen, um anzuzeigen, ob es sich ihrer Meinung nach um die Wolfsart oder die Giraffenart zuzuhören handelt. [Wolfsohren nach vorne gerichtet bedeutet, die äußere Welt zu beschuldigen, die Ohren nach hinten gestellt bedeutet, sich selbst zu beschuldigen. Giraffen, die ihre Ohren nach vorne ausrichten, verbinden sich empathisch mit dem Schmerz der anderen Person. Nach hinten gerichtete Ohren besagen, dass die Giraffe sich Einfühlung für ihren eigenen Schmerz gibt.]

5. Nachdem das Kind, das die „rote Aussage" vorgelesen hat, alle Antworten der anderen Schüler gehört hat, gibt es möglicherweise noch eine Diskussion. Abschließend setzt sich dieses Kind die passenden Ohren auf.

6. Fahren Sie fort, indem Sie die teilnehmende Schülerin mit der Antwort R2 bitten, ihre Antwort laut vorzulesen und Sie dann alle Schüler fragen, welche Art von Antwort sie jetzt hören. Die Person, die die Antwort vorgelesen hat, setzt sich wieder die passenden Ohren auf. Fahren Sie fort, bis alle roten Antworten gehört worden sind.

7. Wiederholen Sie das Spiel mit den anderen farbigen Streifen.

(Im Anhang dieses Buches finden Sie eine Bestellmöglichkeit für die Handpuppen und Ohren.)

Welche Ohren trägst du? Aussagen

Rote Streifen:

(Aussage R) Beeil dich! Zieh deinen Mantel an. Wir werden zu spät sein.
(Antwort R1) Du bist so gemein, so mit mir umzuspringen und mich Sachen machen zu lassen, die ich nicht mag.
(Antwort R2) Ich habe keine Wahl, wie ein Sklave.
(Antwort R3) Du möchtest, dass ich meinen Mantel jetzt sofort anziehe?
(Antwort R4) Bist du besorgt, dass wir uns verspäten?

Grüne Streifen:

(Aussage G) Du hast das Wort „Haus" falsch buchstabiert.
(Antwort G1) Denken Sie, dass Sie immer alles wissen?
(Antwort G2) Möchten Sie, dass ich das Wort Haus auf die „übliche" Weise buchstabiere?
(Antwort G3) Ich bin so dumm.
(Antwort G4) Ich kann nicht buchstabieren. Ich werde nie wieder etwas schreiben.
(Antwort G5) Ich würde gerne wissen, wie das Wort „Haus" buchstabiert wird.

Blaue Streifen:

(Aussage B) Du solltest jetzt keine Süßigkeiten essen.
(Antwort B1) Sie sind hier nicht mein Chef.
(Antwort B2) Ich mache immer alles falsch.
(Antwort B3) Sie mögen mich nicht.
(Antwort B4) Danke, ich habe es vergessen.
(Antwort B5) Unsere Klassenregeln besagen, dass wir jetzt keine Süßigkeiten essen.
(Antwort B6) Ich habe Angst, dass ich bestraft werde.
(Antwort B7) Sie reden Wolfssprache. Sie sind im Unrecht.

Violette Streifen:

(Aussage V) Sie müssen eine Torte für unseren Basar backen.
(Antwort V1) Ihr möchtet also, dass ich eine Torte backe.
(Antwort V2) Was glaubt ihr eigentlich, wer ihr seid, mir zu sagen, was ich zu tun habe?
(Antwort V3) Ich weiß nicht, was ich tun soll. Ich bin so dumm. Ich kann nicht einmal eine Torte backen.
(Antwort V4) Ich möchte in der Lage sein zu wählen, was ich zum Basar mitbringe.

Gelbe Streifen:

(Aussage GE) Setz dich gerade hin und benimm dich gefälligst ordentlich bei Tisch.
(Antwort GE1) Ich kann ihm überhaupt nichts recht machen. Er hasst mich.
(Antwort GE2) Er ist unverschämt, so mit mir zu reden.

(Antwort GE3) Ich möchte mein Mittagessen genießen, ohne mich um Tischsitten zu kümmern.

(Antwort GE4) Möchtest du, dass ich mich aufrecht hinsetze, weil du dir Sorgen machst, dass ich möglicherweise von anderen nicht akzeptiert werde, wenn ich auf diese Art bei ihnen zu Hause esse?

(Antwort GE5) Wie gemein von dir, mich vor meinen Freunden in Verlegenheit zu bringen.

Variationen und Erweiterungen:

→ Lassen Sie die Schülerinnen selbst die Aussagen und die Antwortsätze finden, ohne dass Sie die vorgeschriebenen Papierstreifen verwenden.

→ Verwenden Sie positive Aussagen, z.B.: „Sie sind so umgänglich!" oder „Wo haben Sie diesen schönen Hut gekauft?"

Thema: Zuhören

Titel:	**Empathie-Rollenspiel**
Zielsetzung:	Empathie geben und empfangen
Art der Aktivität:	Empathische Dialoge
Gruppe Größe:	2-10
Raum/Zeit:	Genügend Platz, so dass sich die Schüler paarweise gegenüber sitzen können / mindestens 10 Minuten
Materialien:	Ein GFK-Wanddiagramm (oder Folien für einen Tageslichtprojektor) mit den Fragen: Was fühlen sie? Was brauchen sie?
Vorbereitung:	Einführung zu Gefühlen und Bedürfnissen und zum empathischen Zuhören

Demonstration der Vorgehensweise:

Wählen Sie ein Kind „B" aus, das etwas schmerzliches, Angst einflößendes, frustrierendes oder fröhliches mit den anderen teilen möchte. (Die Alternative wäre, das Kind zu bitten, etwas vorher Geschriebenes vorzulesen.) Aufgabe: Ratet, was die Person wohl für Gefühle und Bedürfnisse haben könnte. Gebt ihr in mehreren Umläufen Einfühlung.

Beispiel:

B: Die anderen Kinder sind so wild. Am Ende der Stunde boxen sie sich immer den Weg zur Tür frei.

A: Bist du irritiert und wünschst dir, dass allen hier in der Klasse mehr Beachtung geschenkt wird?

B: Ja genau, ich bin auch schon ein paar Mal umgestoßen worden.

A: Dann fürchtest du dich auch noch davor? Du möchtest dich in der Schule sicher fühlen?

B: Ja, die interessieren sich für niemanden außer für sich selbst.

A: Du regst dich auf, wenn du daran denkst, dass deine Mitschüler sich nicht füreinander interessieren? Würdest du es gerne sehen, wenn sich Schüler mehr umeinander kümmern würden?

B: Ja, sie denken in dem Augenblick an nichts anderes, als schnell hinauszukommen.

A: Möchtest du, dass die Menschen mehr darüber nachdenken, welche Folgen ihre Handlungen für andere haben, bevor sie handeln?

B: Ja.

Option: Erraten einer Frage:

A: Ich frage mich, ob du von anderen in der Klasse erfahren möchtest, ob sie ähnliche Gefühle haben?

Zur Erinnerung:

→ Kind „B" spricht nicht notwendigerweise in der Giraffensprache.

→ Es ist nicht wichtig für „A", ein Gefühl oder Bedürfnis richtig zu erraten. Was wichtig ist, ist, dass „A" an den Gefühlen und den Bedürfnissen des anderen interessiert ist.

→ Empathie ist nicht das, was Sie tun oder sagen, sondern ein Weg vollständig präsent bei einer anderen Person zu sein. Sie versuchen nicht, etwas zu verstehen oder Recht zu haben.

→ Schlagen Sie der sprechenden Person vor, immer wieder eine Pause zu machen, um die anderen Empathie üben zu lassen.

→ Wenn die sich einfühlende Person verwirrt darüber ist, was sie hört, kann sie die sprechende Person unterbrechen und um Erklärungen bitten.

Vorgehen in der Praxis:

Teilen Sie Schülerinnen in Paare auf. Schülerin „B" drückt etwas aus, das Ärger, Furcht, Frustration oder Glück auslöst. „A" rät „B's" Gefühle und Bedürfnisse. Am Ende bitten Sie alle Gesprächspaare um eine Rückmeldung – wie sie das Rollenspiel wahrgenommen haben, was funktioniert hat und was nicht. Lassen Sie nun die Rollen wechseln, so dass aus „A" „B" und aus „B" „A" wird und machen Sie so weiter.

Variationen und Erweiterungen:

Teilen Sie Schülerinnen in Dreiergruppen: Ein Kind erzählt, ein anderes gibt Empathie und das dritte beobachtet. Das erzählende Kind versucht nicht, Giraffensprache zu verwenden. Am Ende tauschen alle drei aus, was sie für Erfahrungen gemacht haben. Wechseln Sie die Rollen, bis jedes Kind jede Rolle einmal gespielt hat.

Wenn Sie eine größere Gruppe haben, finden Sie sich in einem Kreis zusammen und legen Sie ein Kind fest, das empathisch gehört werden möchte. Nun sind die anderen an der Reihe, nacheinander Vermutungen über die Gefühle und die Bedürfnisse des erzählenden Kindes anzustellen. Das Vermuten kann nach „Popcorn"-Art (jeder kann von überall her aus dem Raum eine Vermutung äußern) oder der Reihe nach im Kreis (dabei kann jeder aussetzen) erfolgen. Werten Sie am Ende des Lernabschnitts aus.

Reflexion:

Wenn eine Gruppe solch ein Empathie-Gespräch abgeschlossen hat, fragen Sie zuerst das Kind, welches Schmerz verspürt hat, ob es mit den anderen teilen möchte, was es beobachtet hat und wie es sich nach diesem Gespräch fühlt. Fragen Sie dann die Person, die Empathie gegeben hat, was sie beobachtet hat und wie sie sich während und nach dem Gespräch gefühlt hat. Zuletzt fragen Sie die übrigen Beobachterinnen ebenfalls, was sie beobachtet und was sie gefühlt haben.

Thema: Ärger

Titel:	**Rote Flaggen**
Ziel:	Ärger als ein Signal unerfüllter Bedürfnisse erkennen
Art der Aktivität:	Diskussion, basteln/werken und schreiben
Gruppengröße:	5-15
Raum/Zeit:	Klassenraum / 20 Minuten
Materialien:	Holzstöcke (z.B. chinesische Essstäbchen, eines pro Person); in Form einer Flagge geschnittenes, rotes Papier; Klebeband

Vorgehensweise:

Hinweis: Dieses Spiel erfordert ein Verständnis über Gefühle und Bedürfnisse. Außerdem müssen die Mitspielerinnen die Fähigkeiten besitzen zu erkennen, wann jemand ärgerlich ist, und zu wissen, wie wir innerlich Ärger beruhigen oder loslassen können.

Diskussion

1. Teilen Sie den Schülerinnen mit, wie Sie Ärger verstehen.
   Ärger ist ein starkes Gefühl, das mit Gedanken gemischt wird. Es ist eine „rote Flagge", die uns warnt, dass Folgendes eintreten könnte:
   a) Ein wichtiges Bedürfnis ist nicht erfüllt.
   b) Wir beschuldigen jemanden, dass er/sie unser Bedürfnis nicht erfüllt.
   c) Wir tun gerade etwas, das wir später bedauern werden.

2. Fordern Sie Ihre Schülerinnen auf, ihre Gedanken und Gefühle über die drei vorher genannten Aussagen zu äußern.

3. Erläutern Sie den Schülerinnen Ihr Verständnis über das Erkennen von Gefühlen und Bedürfnissen. „Wir können besser Sorge für uns selbst tragen, wenn wir die andere Person von der Schuld befreien und wir unsere eigenen Gefühle und Bedürfnisse erkennen."

4. Laden Sie die Schülerinnen ein, ihre Reaktionen und Gefühle über die Aussage unter Punkt 3 mitzuteilen.

5. „Unter dem Ärger sind andere Gefühle wie Schmerz, Traurigkeit oder Furcht verborgen. Denkt an eine Situation, in der ihr verärgert wart. Könnt ihr erraten, welche Gefühle unter dem Ärger verborgen gewesen sein könnten?"

Aktivität:

Fertigen Sie rote Flaggen an, die als Anzeiger dienen, dass unter dem Ärger starke Gefühle und Bedürfnisse verborgen sind, die erkannt werden können.

Falten Sie das rote Papier und kleben Sie es um einen Holzstab, um eine Flagge nachzubilden. Auf eine Seite der Flagge schreiben Sie:

„Ich fühle ..., weil ich ... brauche."

Die Schülerinnen können ihre Flaggen in ihren Schreibtischen behalten, um sich daran zu erinnern, ihre Gefühle und Bedürfnisse unter ihrem Ärger zu erkennen.

Thema: Ärger

Titel:	**Wo ist der Ärger?**
Ziel:	Das Bewusstsein dafür erweitern, was Ärger ist und wie er sich im Körper anfühlt; die Fähigkeit erhöhen, mit Ärger umzugehen
Art der Aktivität:	Selbstwahrnehmung und ein Diagramm erarbeiten
Gruppengröße:	Die ganze Klasse
Raum/Zeit:	Raum für einen Kreis und Platz um zu malen / mind. 20 Minuten
Materialien:	Arbeitsblätter mit den Umrissen des menschlichen Körpers

Vorgehensweise:

1. Die Schüler stehen oder sitzen in einem Kreis. Sie als Lehrerin sagen: „Nehmt euch ein paar Minuten Zeit, um die Aufmerksamkeit auf euren Atem zu lenken. Was beobachtet ihr?" Geben Sie ihnen hierfür 1-3 Minuten.

2. „Denkt an eine Zeit, als ihr euch geärgert habt. Schließt eure Augen. Nehmt euch jetzt einige Momente, um euch an den Ort, die Menschen und den Grund dafür zu erinnern, dass ihr euch geärgert habt. Beobachtet, was in eurem Körper geschieht."

3. „Öffnet jetzt eure Augen und teilt, wenn ihr mögt, den anderen mit, was ihr beobachtet habt."
   Möglichkeiten: das Herz schlägt schneller; das Gesicht erhitzt sich; die Pupillen verengen sich; der Magen zieht sich zusammen; die Hände ballen sich zu Fäusten; die Kieferhälften pressen sich aufeinander; ein unruhiges Gefühl und der Wunsch, sich schnell bewegen und handeln zu können usw.

4. Laden Sie jedes Kind ein, auf das Körperdiagramm zu zeichnen, was es gefühlt hat und wo es das gefühlt hat. Die Schüler können jede Farbe und Form verwenden, die ihnen sinnvoll erscheint.

5. Tauschen Sie sich mit den Schülern über die Diagramme aus.

Thema: Ärger

Titel:	**Ärger-Thermometer**
Ziel:	Das Bewusstsein für Ärger erweitern und erfahren, wie Ärger entschärft wird, wenn wir die darunter liegenden Gefühle und Bedürfnisse erkennen
Art der Aktivität:	Diskussion und ein Diagramm erarbeiten
Gruppengröße:	Keine Einschränkung
Raum/Zeit:	Der Klassenraum / mind. 20 Minuten für jede Übungseinheit
Materialien:	Arbeitsblätter mit einem Thermometer (siehe nächste Seite); Bleistifte

Vorgehensweise:

Lernabschnitt 1

1. Fragen Sie die Schülerinnen: Denkt an eine Situation, in der ihr euch geärgert habt. Wie „heiß" war euer Ärger? Markiert die Höhe eurer „Hitze" in dieser Situation auf eurem Ärger-Thermometer.

2. Denkt an vier unterschiedliche Gelegenheiten, als ihr verärgert gewesen seid. Notiert diese Situationen mit so wenigen Worten wie möglich und nummeriert sie Nr. 1, Nr. 2, Nr. 3 und Nr. 4. Kennzeichnet dann die Temperaturen dieses Ärgers auf dem Thermometer mit Nr. 1, Nr. 2, Nr. 3, Nr. 4, um die relative Hitze des Ärgers anzuzeigen, den ihr in jeder Situation erlebt habt. (Bitten Sie jüngere Schüler, an eine Situation zu denken und die Temperatur mit Farben zu kennzeichnen, die die Hitze von ihrem Ärger ausdrücken: gelb = niedrig; orange = mittel; rot = hoch.)

Lernabschnitt 2

1. Nachdem der erste Teil der Übung abgeschlossen ist: „Ärger in Gefühle und Bedürfnisse übersetzen", bitten Sie die Schülerinnen, jede ihrer vier Situationen in Gefühle und in Bedürfnisse zu übersetzen.

2. Fragen Sie: Wie fühlt ihr euch, nachdem ihr euren Ärger in Gefühle und Bedürfnisse übersetzt habt? Wo würdet ihr eure Gefühle jetzt auf dem Ärger-Thermometer notieren?

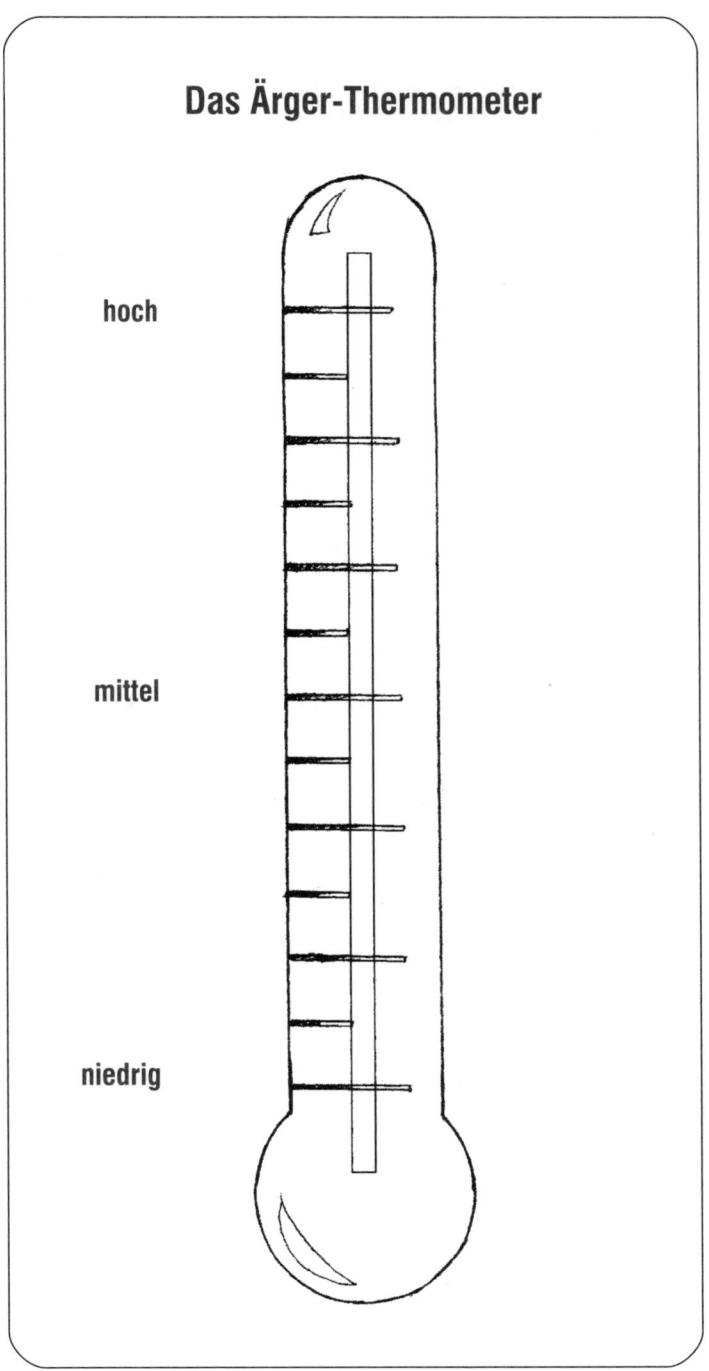

Das Ärger-Thermometer

Thema: Ärger

Titel:	**Ärger in Gefühle und Bedürfnisse übersetzen**
Ziel:	Ärger durch das Erkennen der zugrunde liegenden Gefühle und Bedürfnisse entschärfen
Art der Aktivität:	Diskussion und schreibende (oder sprechende) Aktivität
Gruppengröße:	Keine Einschränkung
Raum/Zeit:	Der Klassenraum / mind. 20 Minuten
Materialien:	Blätter zum Verteilen (siehe folgende Seiten); Bleistifte

Vorgehensweise:

1. Stellen Sie die Übung vor, indem Sie die Schüler bitten, sich an einen Zeitpunkt zu erinnern, als sie sich geärgert haben. Listen Sie diese Situationen an der Tafel mit so wenig Worten wie möglich auf. („Sie sagte, dass ich ein Mistkerl bin." „Er schubste mich." „Sie gab mir ein ‚ungenügend' für meinen Aufsatz.") Nachdem Sie 4-6 Situationen an die Tafel geschrieben haben, gehen Sie auf das erste Beispiel ein und fragen Sie die Schülerin, die es genannt hat: „Welche Gedanken hattest du, als das geschehen ist?" Schreiben Sie die Gedanken neben die zugehörige Situation. Tun Sie dasselbe für jede der Situationen.

2. Diskutieren Sie mit den Schülerinnen über das, was sie an ihren Gedanken, die den Ärger begleiten, beobachten. Sehr häufig schließen die beobachteten Gedanken die Vorstellung ein, dass jemand anderes etwas hätte tun „sollen", was diese Person aber nicht getan hat. Dabei ist es unwichtig, ob das Wort „sollen" ausdrücklich ausgesprochen wird oder nur implizit angedeutet wird. Wenn wir denken, dass jemand etwas tun soll, ist unser Denken fast automatisch mit moralischen Etiketten wie richtig/falsch/gut/schlecht/fair/unfair/angemessen/unangemessen verbunden. Betonen Sie, dass es diese Art von Wolfsgedanken sind, die den Ärger verursachen. Unter den ärgerlichen Gedanken liegen Gefühle und Bedürfnisse verborgen. Bei den Gefühlen handelt es sich meist um Schmerz oder Furcht. Die Bedürfnisse verändern sich mit der Situation, aber sie sind immer Bedürfnisse, die für uns wichtig sind und die in dieser bestimmten Situation nicht erfüllt worden sind.

3. Helfen Sie den Schülerinnen bei den Beispiel-Situationen, die auf dem verteilten Blatt festgehalten sind oder bei anderen Situationen aus ihrer eigenen Erfahrung, ihre Gefühle und Bedürfnisse zu erkennen. Nehmen Sie den Unterschied wahr, wenn keine ärgerlichen Gedanken vorhanden sind.

Situationen, die Ärger auslösen können:

Ich habe es nicht geschafft, während der Klassenreise zum Skaten zu gehen.

Gefühl _____ Bedürfnis _____

Die Eltern meines Freundes haben mich nicht bei sich übernachten lassen.

Gefühl _____ Bedürfnis _____

Jemand hat gesagt, dass ich beim Spiel betrüge.

Gefühl _____ Bedürfnis _____

Jemand hat mich vor meinen Freunden als „dumm" bezeichnet.

Gefühl _____ Bedürfnis _____

Jemand hat über mein neues Hemd gesagt, es sei „hässlich".

Gefühl _____ Bedürfnis _____

Ich ließ den Ball aus den Händen gleiten, und deswegen hat meine Mannschaft das Meisterschaftsspiel verloren.

Gefühl _____ Bedürfnis _____

Jemand hat gelacht, als ich auf den Boden fiel und mich verletzte.

Gefühl _____ Bedürfnis _____

Die Kinder auf dem Spielplatz sagten, dass ich nicht mit ihnen spielen könnte.

Gefühl _____ Bedürfnis _____

Meine Großmutter ist gestorben, weil sie vom Rauchen krank geworden ist.

Gefühl _____ Bedürfnis _____

Ich habe keine Einladung zu der coolen Geburtstagsfete erhalten.

Gefühl _____ Bedürfnis _____

Meine Eltern brüllten mich an, anstatt mit mir zu sprechen.

Gefühl _____ Bedürfnis _____

Mein Hund ist ernsthaft erkrankt, weil jemand ihm Schokolade gegeben hat.

Gefühl _____ Bedürfnis _____

Ich konnte meine Arbeit nicht beenden, weil ich die Aufgabe nicht verstanden habe.

Gefühl _____ Bedürfnis _____

Thema: Giraffen im Alltag

Titel:	**Der Schlauch der Kommunikation**
Ziel:	Den Fluss der Kommunikation bewusst wahrnehmen; Wissen, wann wir sprechen und wann wir zuhören
Art der Aktivität:	Vorführung und Rollenspiel
Gruppengröße:	Keine Einschränkung
Raum/Zeit:	Der Klassenraum / mind. 20 Minuten
Materialien:	Ein durchsichtiger Plexiglasschlauch (5 cm im Durchmesser und 50 cm lang) oder ein in Schlauchform eingerolltes Transparentpapier; zwei unterschiedlich gefärbte Schals; zwei längere Holzstangen (Besenstiele), die sich durch den Schlauch schieben lassen; Texte für ein Rollenspiel

Vorgehensweise:

1. Vorführung: Benutzen Sie den „Schlauch der Kommunikation" und die Schals. Halten Sie den Schlauch an Ihr Auge und schauen Sie hindurch. Stellen Sie den Blickkontakt mit jedem Schüler her, um zu zeigen, dass keine Hindernisse im Schlauch vorhanden sind. „Stellt euch vor, dass ein Schal eine Botschaft symbolisiert." Stoßen Sie mit einer der Holzstangen den Schal von einem Ende her durch den Schlauch während Sie Ihre Botschaft in „klassischer Giraffensprache" ausdrücken. Sprechen Sie Ihre Beobachtungen, Gefühle, Bedürfnisse und Bitten aus. „Wenn die Kommunikation gut funktioniert, läuft eine Unterhaltung so ab: hin und her, in dieser Abfolge." Um das zu demonstrieren, setzen Sie den anderen Schal in den Schlauch ein und drücken Sie ihn in die entgegen gesetzte Richtung hindurch.

2. „Stellt euch nun vor, dass jemand reagiert, bevor ihr eure Botschaft vollständig absenden (den Schal durch den Schlauch hindurch stoßen) konntet." Demonstrieren Sie, wie Sie anfangen zu sprechen, indem Sie Ihren Schal durch den Schlauch stoßen und den anderen Schal durch das andere Ende des Schlauches drücken. „Dies ist ein mündlicher Verkehrsstau. Keine der beiden Personen kann ihre Botschaft durch den Schlauch hindurch bringen, um von der anderen Seite gehört zu werden."

Wie ein mündlicher Verkehrsstau aufzulösen ist

3. „Wenn eine Person ihre Schalbotschaft aus dem Schlauch herauszieht und sich selbst Empathie gibt, dann die Gefühle und Bedürfnisse der anderen Person zu erraten versucht, wird der Schlauch wieder klar werden." (Drücken Sie den Schal durch den Schlauch, um zu zeigen, dass die Botschaft erfolgreich gesendet worden ist.) „Sobald der Schlauch frei ist, ändert sich der Fluss der Kommunikation und die erste Botschaft kann zurückgesendet werden. Sie hat sich möglicherweise ein

wenig verändert durch das Hören der Bedürfnisse der anderen Seite." (Drücken Sie den anderen Schal durch den Schlauch, um eine erfolgreiche Kommunikation zu demonstrieren.)

4. Demonstrieren Sie das Muster einige Male: Senden Sie eine ursprüngliche Botschaft, unterbrechen Sie, entfernen Sie Ihren Schal und bieten Sie Empathie an. Nun kann die andere Person ihre Botschaft zurücksenden usw. Die Schülerinnen arbeiten paarweise, um die Schals zu bewegen, während sie im Rollenspiel ihre eigenen Botschaften austauschen.

In Anlehnung an *Practice, Practice, Practice: An Illustrated Study Guide to Nonviolent Communication* von H. Holley Humphrey. Empathy Magic Press, www.empathymagic.com, Tel. 001-541-862-2043.

Thema: Giraffen im Alltag

Titel:	**Rollenspiele**
Ziel:	Die Wahlmöglichkeiten erleben, wie wir uns ausdrücken und wie wir anderen zuhören können; den Prozess der Gewaltfreien Kommunikation üben
Art der Aktivität:	Interaktiver, dramatischer Dialog
Gruppengröße:	Keine Einschränkung
Raum/Zeit:	Keine Einschränkung
Materialien:	Schriftliche Rollenspiele oder Beispiel-Situationen aus dem Augenblick heraus; das GFK Diagramm mit den 4 Schritten (siehe Kapitel 4)
Vorbereitung:	Der gesamte GFK-Prozess wurde vorher geübt

Vorgehensweise:

1. Teilnehmer „A" definiert eine Situation, indem er angibt:

   a. Seine eigene Rolle: Ich habe eine ältere Schwester, die lange Zeit im Bad bleibt und mich nicht hereinlässt, wenn ich es benutzen möchte.

   b. Die Rolle, die er gerne von Teilnehmerin „B" eingenommen sehen möchte: Du bist meine Schwester.

   c. Die Zeit und der Ort des Dialogs, sofern es relevant ist: Es ist heute morgen, 10 Minuten bevor ich aus dem Haus muss, um zur Schule zu gehen.

   d. Ein oder zwei Eingangssätze für Teilnehmerin „B": Meine Schwester sagt: „Hör auf, mich zu nerven. Du warst ja schon an der Reihe."

Hinweis: „A" könnte noch mehr zu der Geschichte erzählen, falls es zum Spielen der Rolle erforderlich ist. Verbringen Sie die Zeit in der Gruppe lieber zum Üben, statt über die Situation zu diskutieren. Während des Rollenspiels kann „A" „B" zusätzliche Anweisungen geben, um das Spiel realistischer zu machen: „Nein, meine Schwester würde so etwas nicht sagen. Sie würde es vermutlich so ausdrücken ..."

2. „B" gibt Eingangssätze vor und das Spiel nimmt seinen Lauf. Normalerweise spricht „A" Giraffensprache, während „B" Wolfssprache spricht.

Option: Wenn das für „A" nicht gut funktioniert, kann „A" auch Wolfssprache reden und „B" übernimmt die Rolle der Giraffe.
Eine andere Option für „B" ist, sich die Giraffenohren aufzusetzen und „A" Empathie zu geben, bis „A" bereit ist „B" Empathie zu geben.

3. Wenn die Aufführung beendet ist oder der vereinbarte Endzeitpunkt kommt, geben Sie „A" und „B" Gelegenheit, auszudrücken, was für sie gestimmt hat, was nicht funktioniert hat und was sie gelernt haben. Die Beobachter können dann anschließend beitragen, was sie gesehen und gespürt haben.

Variation:

Die Schüler können die Szene zuerst in Wolfssprache spielen und dann mit einer Person, die die Giraffensprache einbringt.

Thema: Giraffen im Alltag

Titel:	**Mediation**
Ziel:	Lernen, wie wir in Konflikten vermitteln können
Art der Aktivität:	Rollenspiel
Gruppengröße:	Keine Einschränkung
Raum/Zeit:	Keine Einschränkung
Materialien:	Giraffen-Handpuppe, Giraffenohren[*]
Demonstration:	Das Vorgehen bei der Mediation unter Verwendung der Handpuppen und der Ohren
Aufstellung:	Wählen Sie drei Spieler. Ein Spieler ist der Vermittler, zwei Spieler streiten. Wählen Sie eine Konfliktsituation.

Vorgehensweise:

1. Der Vermittler gibt einer Person eine Giraffen-Handpuppe und der anderen die Giraffenohren.

2. Der Vermittler schaut zur Person, die Giraffensprache spricht und sagt: „Tatsachen" oder „Beobachtungen".

3. Die Giraffensprache sprechende Person gibt die Tatsachen zur Situation an. Der Vermittler übersetzt oder stoppt, wenn die Person beginnt, etwas anderes als Tatsachen über das Geschehen zu erzählen.

4. Der Vermittler sagt zur Person, die Giraffensprache spricht: „Gefühle", und die „Giraffe" drückt die Gefühle aus, die durch das ausgelöst wurden, was geschehen ist.

5. Der Vermittler sagt zur Person, die Giraffensprache spricht: „Bedürfnisse", und die „Giraffe" drückt die unerfüllten Bedürfnisse aus, die ihre Gefühle verursacht haben.

6. Der Vermittler sagt zur Person, die die Giraffenohren trägt: „Welche Tatsachen hast du gehört?" und die Person, welche die Ohren trägt, antwortet.

7. Der Vermittler bittet die Person, die Giraffensprache spricht: „Ist es das, was du gerne sagen wolltest?" und die „Giraffensprache" sprechende Person reagiert mit „Ja" oder „Nein". Wenn die Person, die Giraffensprache spricht, mit „Nein" antwortet, dann bittet der Vermittler die Person, die Tatsachen noch einmal zu nennen. Der Vermittler überprüft nun die Aussagen mit der Person, welche die Ohren trägt, um herauszufinden, was sie gehört hat. Sie wiederholen diesen Ablauf, bis der Giraffensprecher zu seiner Zufriedenheit gehört worden ist.

---

[*] Bestellmöglichkeiten finden Sie im Anhang.

8. Der Vermittler fragt dann die Person, welche die Ohren trägt: „Welche Gefühle und Bedürfnisse hast du gehört?" Dann antwortet die Person.

9. Der Vermittler fragt nun den Giraffensprecher: „Hat er/sie das gehört, was du gesagt hast?" und der Giraffensprecher antwortet.

10. Die zwei Spieler wechseln nun die Rollen und die Requisiten und wiederholen die Schritte 3-9.

11. Der Vermittler fragt dann, ob eine Partei sich eine Lösung vorstellen kann, die die Bedürfnisse beider Seiten erfüllen würde.

12. Wenn eine Lösung vereinbart wird, beglückwünscht der Vermittler beide Seiten.

13. Wenn keine beidseitig annehmbare Lösung innerhalb des zugeteilten Zeitrahmens erreicht wird, legen Sie eine andere Zeit fest, um den Prozess möglichst bald fortzusetzen.

Nachdem Sie das Vorgehen demonstriert haben, bitten Sie die Schüler, andere Szenen vor der Klasse zu spielen.

Halten Sie die Handpuppen und die Ohren bereit, um bei künftigen Gelegenheiten vermitteln zu können.

Thema: Giraffen im Alltag

Titel: **Gemeinsam Regeln aufstellen**
Ziel: Sich über Grundregeln für das Klassenzimmer zu verständigen

Wenn jeder, der von Regeln betroffen ist, an deren Festlegung beteiligt ist, kann dies aus verschiedenen Gründen zu mitfühlenden Beziehungen beitragen: Alle werden in die Aktivitäten im Klassenraum einbezogen. Die Bedürfnisse aller werden gehört und ernst genommen. Jeder findet Gelegenheiten zu üben, an Entscheidungsfindungsprozessen mitzuwirken, die ihn in seinem täglichen Umfeld etwas angehen. In der Klasse gemeinsame Regeln aufzustellen, stellt die Bedürfnisse der Schüler und der Lehrer nach Teilnahme, Respekt und Wahrgenommen-werden zufrieden und beinhaltet die Versicherung, dass Bedürfnisse im Klassenzimmer ernst genommen werden.

Im Gegensatz dazu werden in dem typischen vom Lehrer bestimmten Unterricht die Bedürfnisse des Lehrers stärker gewichtet als die Bedürfnisse der Schüler. Der Lehrer stellt die Regeln auf und legt auch die Konsequenzen für das Brechen der Regeln fest. Der Lehrer wird dann zum Polizisten, der sich merkt, wann Überschreitungen passieren und der Bestrafungen ausspricht.

Um gemeinsame Klassen-Regeln aufzustellen, beginnen wir mit zwei Fragen (entweder vor der ganzen Klasse oder in einem Rat): „Was für einen Unterricht wünscht ihr euch? Was braucht ihr, um euch sicher genug zu fühlen, um ihr selbst zu sein?"

Die Bedürfnisse, die am häufigsten ausgedrückt werden, sind: Sicherheit, Weiterentwicklung, Respekt, Wahrgenommen-werden von anderen und Sorge um das Klassenklima. Sobald eine Liste von Bedürfnissen aufgestellt ist, können die Schüler einige Verhaltensweisen auflisten, die helfen, diese Bedürfnisse zu erfüllen.

Was geschieht also, wenn jemand in der Klasse etwas tut, das nicht die Bedürfnisse erfüllt, die vor der Klasse formuliert wurden? Es gibt verschiedene Möglichkeiten:

→ Jeder kann formulieren, was er beobachtet hat, welche seiner Bedürfnisse nicht erfüllt wurden und um was er bittet.
→ Jeder kann die Bitte äußern: „Wärest du bereit, jemanden zu finden, der dir Einfühlung für deine unerfüllten Bedürfnisse gibt?"
→ Die Schüler können eine Selbst-Empathie Ecke einrichten, in die sie – wann immer sie selbst das möchten – gehen können, wenn sie Zeit benötigen, um sich wieder mit ihren Bedürfnissen zu verbinden.
→ Die Schüler können jemanden um Einfühlung bitten.

Thema: Giraffen im Alltag

Titel: **Eine Karten-Show**
Ziel: Ein Gefühls- und Bedürfnisvokabular erlernen;
                          Gefühle und Bedürfnisse erkennen
Art der Aktivität: Einchecken
Gruppengröße: Die ganze Klasse
Raum/Zeit: Der Klassenraum
Materialien: Karten mit Gefühlen und Bedürfnissen (siehe nächste Seite)

Vorgehensweise:

1. Fotokopieren Sie 10 Gefühls-Karten und 10 Bedürfnis-Karten für jede Schülerin. Dickes Papier oder ein Kartenvorrat sind empfehlenswert.
2. Bitten Sie die Schülerinnen, ein Gefühl auf die Rückseite jeder Gefühls-Karte zu schreiben und ein Bedürfnis auf die Rückseite jeder Bedürfnis-Karte.
3. Bitten Sie die Kinder darum, im Verlauf des ganzen Tages die Karten zu zeigen, um herauszufinden, 1) wie sie sich fühlen und 2) welche Bedürfnisse sie haben, die erfüllt oder nicht erfüllt werden.

Option:

Die Schülerinnen malen ihre Karten an.
Die Schülerinnen erweitern ständig ihre Karten-Sammlung.

Variationen:

1. Sie bitten die Schülerinnen, ihre Karten zu zeigen.
2. Wenn die Schülerinnen in der Schule ankommen, wählen sie Gefühls- und Bedürfnis-Karten und legen diese vor sich auf ihre Schultische, so dass andere besser verstehen „wie es ihnen wirklich geht".

Gefühls-Karten

Gefühle

Gefühle

Gefühle

Gefühle

Bedürfnis-Karten

Bedürfnisse

Bedürfnisse

Bedürfnisse

Bedürfnisse

Thema: Giraffen im Alltag

Titel: **Der Klassenrat**
Ziel: Jeder in der Klasse bekommt Gelegenheit, sich auszudrücken
          und gehört zu werden;
          jeder hat Gelegenheit, zuzuhören;
          auf die Klugheit der Gruppe vertrauen

Vorgehensweise:

Überall auf der Welt, in allen Kulturen, die Gleichheit, gegenseitiges Aufeinander-angewiesen-sein, Ehrlichkeit, Respekt und Gemeinschaft schätzen, gibt es eine Form des Rates. Zu Beginn des Rates sitzen alle im Kreis, so dass jeder gesehen werden kann und jeder jeden sieht. Jede Person hat Gelegenheit zu sprechen. Häufig wird ein Sprechholz herumgereicht, um die sprechende Person erkennen zu können. Wenn eine Person spricht, hören alle anderen zu. Richtschnur für die sprechende Person sollte sein, aus dem Herzen und kurz zu sprechen. Denen, die nicht sprechen, wird geraten, aufmerksam und tief dem zuzuhören, was die sprechende Person ausdrückt. In einem Klassenraum kann der Rat eine kraftvolle Art sein, Bedürfnisse nach Einbezogen-sein, Verständnis und Anschluss zu erfüllen. Er kann auch eine Übung für das Sprechen und Hören von Herzen darstellen.

In Schülergruppen eignen sich Räte, um mit jeder Person Kontakt aufzunehmen, indem sie die gegenwärtigen Gefühle und Bedürfnisse miteinander teilen. Räte werden auch eingesetzt, um Antworten zu teilen: 1) zu einem Thema, das die Klasse untersucht, 2) zu einer Situation an der Schule oder 3) zu einem Vorfall irgendwo in der Welt. Jedermann kann einen Rat einberufen, um ein spezifisches Thema zu besprechen.

Eine beliebte Variante der grundlegenden Form des Rates wird „Fischbowl" genannt. Eine kleine Gruppe von Schülerinnen bildet einen Kreis innerhalb eines größeren äußeren Kreises der Zuhörer. Nur die Schülerinnen im inneren Kreis sprechen und geben denen im äußeren Kreis Gelegenheit, intensiv zuzuhören. Diese Form wurde in einer fünften Klasse in Carpinteria in Kalifornien erprobt. Zuerst bildeten die Mädchen den inneren Kreis und führten ein Gespräch über das, was sie schwierig oder spaßig fanden an der auf sie zukommenden Pubertät. Die Jungen hörten zu. Später bildeten die Jungen den inneren Kreis und teilten miteinander, was für sie angesichts der bevorstehenden Pubertät schwierig und spaßig war, während die Mädchen zuhörten. Dann bildeten sie alle einen Kreis und teilten, was sie gehört und was sie gelernt hatten. Die Schüler und Schülerinnen sagten, dass sie sich nun besser verstünden und dass sie auch die Herausforderungen der anderen mehr wertschätzten.

Thema: Giraffen im Alltag

Titel:	**Giraffen-Mitteilungen**
Ziel:	Fähigkeiten entwickeln im Erstellen, Schreiben und Übergeben einer Giraffenwertschätzung
Art der Aktivität:	Schreiben
Gruppengröße:	Keine Einschränkung
Raum/Zeit:	15 Minuten, um zu präsentieren
Materialien:	Giraffen-Mitteilungsformulare (s. nachfolgende Seite)
Vorbereitung:	Vertrautheit mit Beobachtungen, Gefühlen, Bedürfnissen, Bitten

Vorgehensweise:

1. Stellen Sie die Giraffen-Mitteilungen vor, indem Sie jeden Schüler bitten, an etwas zu denken, was jemand getan hat, das für sie ein Bedürfnis erfüllt hat.

2. Zeigen Sie, wie das Giraffen-Mitteilungsformular auszufüllen ist, um damit Wertschätzung auszudrücken.

3. Die Schüler schreiben eine Giraffen-Mitteilung und geben sie ab.

4. Die Schüler können einander mitteilen, wie sie sich fühlen, nachdem sie die Mitteilung geschrieben haben, und welche Bedürfnisse erfüllt wurden. Sie können auch mitteilen, wie es sich anfühlt, Wertschätzung von einem anderen Kind aus der Klasse zu empfangen und welche Bedürfnisse dabei erfüllt werden.

Giraffen-Mitteilung der Wertschätzung

Wenn ich daran denke ...

fühle ich ...

weil es mein Bedürfnis war ...

6. Vorschläge für die Stundenplanung

Einleitung

Wir haben dieses Buch für Erziehende – für Lehrerinnen, Mitarbeiter in Schulbehörden, Beraterinnen, Mitarbeiter an Schulen, Eltern, die ihre Kinder zu Hause unterrichten – geschrieben, um ihnen zu helfen, bei ihren Schülerinnen Selbstachtung, die Achtung von Mitmenschen, Kooperation und Freude am Lernen zu entwickeln. Da wir sehr gut wissen, wieviel Zeit in Klassenzimmern damit verbracht wird, Schüler zu disziplinieren, wollten wir Ihnen auch erprobte Möglichkeiten aufzeigen, mit denen Sie Ihre „Disziplin-Probleme" reduzieren können.

Auch wenn unsere Übungen hauptsächlich für die Grundschule entwickelt wurden, so wissen wir aus Erfahrung, dass sie sich ebenfalls an weiterführenden Schulen, an Universitäten und in der Erwachsenenbildung einsetzen lassen. Wir haben Ihnen genügend Freiraum gelassen, die Übungen für Ihre Lehr- bzw. Lernsituation anzupassen.

Dieser Teil des Buches, Vorschläge für die Stundenplanung, soll Sie dabei unterstützen, Stundenentwürfe aus den Informationen und Übungen in diesem Buch zu entwickeln. Und wieder gibt es genügend Freiräume, die eine Feinabstimmung für Sie, Ihre Schülerinnen, Ihre Zeitplanung und Ihren Lehrplan zulassen.

Die folgenden Vorschläge für die Stundenplanung lassen viele Umsetzungsmöglichkeiten zu: Diskussionen in Groß- oder Kleingruppen oder Arbeit mit jeweils zwei oder drei Schülern. Es können Bilder gemalt werden, über die dann geschrieben wird. Oder es können Bilder gemalt werden und die Ergebnisse werden anschließend mündlich miteinander geteilt. Sie können Rollenspiele einsetzen, ebenso wie Tagebücher, Aufsätze, Artikel oder Briefe schreiben lassen, usw.

Teil I: Die Verbindung von Beziehungen, Lehren und Lernen

Kapitel 1: Sicherheit und Vertrauen aufbauen zeigt, wie man emotionale Sicherheit und Vertrauen in einer Lernumgebung herstellt.

Am Anfang des Schuljahres:

→ Besprechen Sie den Wert von Sicherheit und Vertrauen und den Unterschied zwischen körperlicher und emotionaler Sicherheit.

→ Probieren Sie viele Möglichkeiten aus, um die Informationen in Kapitel 1 mit Ihren Schülerinnen zu erforschen. Diese werden wahrscheinlich fasziniert sein, wenn sie erfahren, was physiologisch geschieht, wenn sie sich physisch und emotional nicht sicher fühlen.

→ Schülerinnen erkennen wo und mit wem sie sich sicher fühlen.

→ Gruppen-Vereinbarungen: Die Gruppe legt gemeinsam Vereinbarungen fest, um die nur von der Lehrerin festgelegten Richtlinien zu ersetzen.

  • Arbeiten Sie mit den Schülerinnen, um gegenseitig eine Liste von Dingen zusammenzustellen und zu diskutieren, die jede in der Klasse braucht, um sich körperlich und emotional sicher zu fühlen.*
    Entwickeln Sie eine Liste von Vereinbarungen über die Dinge, die die Schülerinnen bereit sind zu tun, um Sicherheit für sich selbst und andere zu erreichen.

  • Bitten Sie die Schülerinnen, diese Liste auf ein Plakat zu übertragen und hängen Sie es an eine Stelle, wo es gut zu sehen ist. Jede kann sich auch während des Schuljahres darauf beziehen und es verbessern, falls das gewünscht wird. (Manchmal werden die „Gruppen-Vereinbarungen" von allen Schülerinnen der Klasse unterzeichnet.)
    (Mehr dazu finden Sie in Kapitel 5 *Giraffen im Alltag: Gemeinsam Regeln aufstellen*.)

Kapitel 2: Beziehungen im Unterricht. In diesem Kapitel erhalten Sie Gelegenheit, einen genauen Blick auf das zu werfen, was Sie als Lehrerin jetzt in Ihrem Unterricht tun und was Sie zukünftig tun möchten. Das Format, das an eine Checkliste angelehnt ist, hilft Ihnen, „Inventur zu machen" hinsichtlich der vier Arten von Beziehungen, die im Klassenraum eine Rolle spielen: Die Beziehung zu sich selbst, die Beziehung zu Ihren Schülerinnen, die Beziehungen der Schülerinnen untereinander und zuletzt der Schülerinnen zu sich selbst und ihrem Lernverhalten. Dieses Kapitel enthält viele Vorschläge, wie diese Beziehungen gestärkt werden können.

---

* Auch für Lehrerinnen ist es wichtig aufzulisten, was für ihre Sicherheit notwendig ist.

Beziehungen von Schülerinnen zu Schülerinnen: Nachdem die Schülerinnen über Sicherheit und Vertrauen gesprochen haben und die Maßnahmen erkannt haben, die sie ergreifen müssen, um sich physisch und emotional sicher zu fühlen, kann der Teil, der Beziehungen von Schülerinnen zu Schülerinnen genannt wurde, genutzt werden, um ein Nachdenken und Diskussionen darüber anzuregen, wie sie tatsächlich miteinander umgehen. Dieser Teil enthält zahlreiche zusätzliche Ideen, um mitfühlende Interaktionen im Klassenraum zu initiieren.

Planen Sie für jeden der Unterpunkte in diesem Abschnitt eine Unterrichtsstunde ein:
→ Wie tauschen sich die Schülerinnen über ihre Geschenke aus?
→ Wie teilen Schülerinnen ihre Gefühle und Bedürfnisse mit?
→ Richten die Schülerinnen Bitten an andere oder sprechen sie Forderungen aus? Wie häufig treffen die Schülerinnen eigene Entscheidungen über ihr Lernen und ihr Leben im Klassenraum?
→ In welchem Ausmaß lernen die Schülerinnen gemeinsam und voneinander?
→ Gibt es für die Schülerinnen genügend Möglichkeiten, sich selbst auszudrücken und anderen zuzuhören?

Beziehungen der Schülerinnen zum Lernen: Dieser Teil sensibilisiert die Schülerinnen für ihren eigenen Lernprozess und zeigt ihnen Mittel und Wege, wie sie ihr Lernen beleben und Verantwortung dafür übernehmen können, was und wie sie lernen.

Planen Sie für jeden der Unterpunkte in diesem Abschnitt eine Unterrichtsstunde ein:
→ Wissen die Schülerinnen, welches ihre eigenen Interessen, Talente und Lernstile sind?
→ Sind die Schülerinnen aktiv an ihrem Lernen beteiligt?
→ Werden Schülerinnen mit einbezogen, wenn die Lernziele festgelegt werden?
→ Tragen die Auswertungen von Arbeiten der Schülerinnen durch die Lehrer zu ihrem Lernprozess bei?
→ Wie gehen Schüler mit Fehlern und/oder Scheitern um?
→ In welchem Ausmaß wird das Studium des menschlichen Lebens in größeren Zusammenhängen gesehen? In Beziehung zur Gemeinschaft, zu allen weiteren Formen des Lebens, zur Biosphäre und zum Planeten?
→ Können die Schülerinnen mit dem Lehrplan etwas anfangen?

Teil II – Werkzeuge zur Einführung eines einfühlsamen Lehr- und Lernsystems

Kapitel 3: Unsere gebende und nehmende Natur wieder entdecken umfasst fünf Voraussetzungen, die sich aus dem Prozess der Gewaltfreien Kommunikation ergeben. Sie können bei der Einführung eines einfühlsamen Lehr- und Lernsystems als Gerüst dienen. Diese Voraussetzungen laden die Schüler ein, ihre Annahmen über sich selbst und über andere genauer zu betrachten und zu hinterfragen. Die Voraussetzungen und die Übungen sind so angelegt, dass sie wahrscheinlich Diskussionen und Einsichten anregen. Jeder dieser Voraussetzungen folgen einige Übungen, die das Lernen unterstützen können.

→ Planen Sie für jeden der Unterpunkte in jeder der Voraussetzungen eine eigene Unterrichtsstunde ein. Die in den Unterpunkten enthaltenen Übungen können Sie bei einer effektiven Stundenplanung unterstützen.
Wenn es den Bedürfnissen Ihrer Schüler entspricht, können die Voraussetzungen in einer anderen Reihenfolge als der im Buch dargestellten präsentiert werden. (Einen Überblick über die Voraussetzungen und ihre Unterpunkte finden Sie auf den S. 44-68.)

→ Bitten Sie die Schüler, ein Plakat zu gestalten, auf dem die Bedürfnisse notiert sind und hängen Sie es so auf, dass es jeder sehen kann (siehe das Beispiel auf S. 88).

→ Bitten Sie die Schüler, ein Plakat zu gestalten, auf dem die Gefühle notiert sind und hängen Sie es so auf, dass es jeder sehen kann (siehe Beispiel auf S. 85).

→ Nutzen Sie die Übung mit dem Namen *Giraffen im Alltag: Eine Karten-Show* (S. 160).

Kapitel 4: Die Sprache des Gebens und Nehmens auffrischen: Hier geht es darum, Fähigkeiten zu entwickeln, um das Zuhören zu lernen und sich effektiv und einfühlsam gegenüber sich selbst und anderen ausdrücken zu können.

→ Nutzen Sie jede der Haupt-Überschriften in diesem Kapitel, um 3-4 Unterrichtsstunden daraus aufzubauen. Dazu gehören: Absicht, Der Fluss der Kommunikation, Beobachtungen, Gefühle, Ärger, Bedürfnisse, Bitten, Mir selbst zuhören: Selbsteinfühlung und anderen zuhören: Einfühlung.

→ Verwenden Sie die Spiele und die Aktivitäten über Beobachtungen, Gefühle, Bedürfnisse, Zuhören, Ärger und „Das ganze Modell" in Kapitel 5, um Ihre Unterrichtsstunden zu ergänzen.

→ Bitten Sie die Schüler zu diskutieren und daraus ein Diagramm auf einem Wandposter zum Thema „Welche Sprache sprichst du?" (ähnlich wie das Poster auf S. 97) zu erarbeiten. Regen Sie die Schüler an, ihre eigenen Ideen auf jeder Seite des Diagramms hinzuzufügen.

➜ Bitten Sie die Schüler, zu diskutieren und Wanddiagramme anzufertigen, ähnlich denen aus: „Wie sich eine Giraffe ausdrückt" und „Wie eine Giraffe zuhört/Empathie" auf den S. 78-79.

➜ Machen Sie für jüngere Schüler Fotokopien der „**Giraffen-Mitteilung der Wertschätzung**" auf S. 165. Deponieren Sie einen Stapel Kopien in Ihrem Klassenraum und helfen Sie den Schülern, möglichst viele Gelegenheiten zu finden, um sie zu verwenden. Einige Schüler möchten vielleicht ihre eigenen Mitteilungen entwerfen.

Kapitel 5: Fähigkeiten durch Aktivitäten und Spiele entwickeln beinhaltet von Lehrern geprüfte und empfohlene Spiele, um das Lernen zu unterstützen. Es gibt ein Inhaltsverzeichnis dazu auf S. 110. Viele der Aktivitäten können so verändert werden, dass sie Schülern aller Altersstufen als Unterstützung beim Lernen dienen.

Anhang

Erfahrungen von Lehrerinnen und Lehrern mit diesem Buch

„Dieses Buch ist einfach zu lesen. Es fällt leicht, einen Zugang zu finden. Es beinhaltet kleine, überschaubare Schritte, die von jedem Lehrer oder von den Eltern umgesetzt werden können. Es ist das ‚Gerüst‘, das Erziehende benötigen, um eine Bühne aufzubauen, auf der sich Weiterentwicklung abspielen kann." – *Dr. Brenda Harari,* Lern-Forscherin und Beraterin

„Dieses Buch zeigt Lehrern und Lehrerinnen, wie Beziehungen gestärkt, Interesse und Leidenschaft geweckt und Leistungsbereitschaft aufgebaut werden können! Die Autorinnen lüften das uralte Geheimnis, wie Konflikte im Klassenraum gelöst werden können ohne den Lernprozess zu stören." – *Resa Brown,* ausgezeichnet als Lehrerin des Jahres für Sonderpädagogik

„Das Buch *Empathie im Klassenzimmer* präsentiert klare und kompakte Erklärungen über das ‚Wie‘ und ‚Warum‘ von Gewaltfreier Kommunikation, kombiniert mit spielerischen Aktivitäten und Übungen, die die Freude am natürlichen Geben beleben. Ich bin mir sicher, dass *Empathie im Klassenzimmer* viele Studenten in meinen Collegeklassen inspirieren wird, später die GFK in ihrem eigenen Unterricht weiterzugeben und sie auch darüber hinaus anzuwenden." – *Michael Dreiling,* Soziologieprofessor und Autor

„*Empathie im Klassenzimmer* enthält großartige Übungen und praktische Unterrichtsideen, die Erzieherinnen Werkzeuge an die Hand geben, um Gewaltfreie Kommunikation im Unterricht durchzuführen und Beziehungen zu Schülern aufzubauen, die beides verbessern werden: das Lernen und das Lehren!" – *Leslie Trook,* Leiterin einer Mittelschule

„Ich bin von diesem Buch begeistert und auch von seinem Potenzial, in den Konflikten zu helfen, die eine tägliche Wirklichkeit an unseren Schulen geworden sind, besonders hier in Südafrika. Einige von den Übungen und Spielen haben schon interessante Ergebnisse in unseren Klassen hervorgebracht. Es ist ein unbezahlbares praktisches Werkzeug für heutige Lehrer. Ich empfehle es von ganzem Herzen." – *Shena Lamb,* Universitätsdozentin

„Das Buch *Empathie im Klassenzimmer* ist ein sehr gut zugängliches, leserfreundliches Buch, das hält, was es verspricht. Meine mit Eselsohren verzierte Ausgabe ist eine unbezahlbare Hilfe in den unterstützenden Kursen, die ich entwickle und unterrichte, denn es ermutigt und richtet einen auf. Es umfasst zwei Teile: Der erste beschreibt klar und deutlich die Kraft, die vom Lernen in einem ‚sicheren‘ Klassenraum ausgeht, wo Kinder mitmachen können, ohne sich vor Schuldzuweisungen oder wegen Schamgefühlen zu ängstigen. Der zweite Teil stellt praktische Werkzeuge und Übungen vor, die leicht im Klassenraum eingesetzt werden können. Ich behaupte, dass dieses Buch ein unverzichtbares Handbuch für professionelle Erzieher und Eltern werden wird, die sich darum bemühen, Schulen zu schaffen, an denen das Lernen blüht und Lehrerinnen Spaß daran haben zu unterrichten. Es ist ein Juwel!" – *Marcy Piekos*, Erzieherin

„Das letzte Jahr war das beste Jahr in meiner Karriere als Lehrer. Die Werkzeuge in diesem Buch haben mir geholfen, meinen Klassenraum von einer gewöhnlichen in eine außerordentliche Lernumgebung zu verwandeln. Einige Einschätzungen meiner Schüler am Ende des Schuljahres: ‚Eine wirklich eindrucksvolle Erfahrung! Wir haben total viel Spaß in der Klasse! Frau Adivi ist nett und gerecht. Diese Klasse ist wirklich megatoll! Sie werden diese Klasse sicher nicht vergessen!' Vor einem Jahr hätte ich mir noch nicht vorstellen können, solche Aussagen zu hören." – *Carla Adivi*, Lehrerin für Naturwissenschaften im 7. Schuljahr

„Visionär und praktisch, erkenntnisreich und einladend wird das Buch *Empathie im Klassenzimmer* die Herzen berühren und die Fähigkeiten von allen verbessern, die es gelesen haben." – *Rob Koegel*, Professor für Soziologie

„Die Sprache der Gewaltfreien Kommunikation ist ein sehr klares und anwendbares Werkzeug, das die von Scham und Schuld geprägte Sprache ersetzen kann. Die Autorinnen demonstrieren, wie diese Sprache Zusammenarbeit und Frieden im Klassenraum fördert und, infolgedessen, auch in der Welt. Unterstützt von wissenschaftlicher Forschung, die zeigt, wie emotionale Klarheit und Leichtigkeit die kindliche Fähigkeit zu lernen verbessern, geben die Autorinnen verschiedene Beispiele, wie dieser Prozess gelernt und gelehrt werden kann. Sie fügen eine Reihe von Übungen und Spielen hinzu, die Spaß ins Klassenzimmer bringen. Dieses Buch ist nicht nur für Lehrer geeignet. – Jede, die sich für mitfühlende Interaktionen interessiert, wird davon profitieren." – *Marcelline Brogli*, Therapeutin und Beraterin

Anmerkungen

1   Alfie Kohn, No Contest: The Case Against Competition, Houghton Mifflin Company, 1992 (dt.: Mit vereinten Kräften. Warum Kooperation der Konkurrenz überlegen ist. Beltz, 1989.)
2   Daniel Goleman, Emotional Intelligence, Bantam, 1995. (dt.: Emotionale Intelligenz. dtv, 2001.)
3   Vilma Costetti, Nonviolent Communication: Experimental Project in Primary Schools, 2000.
4   James Garbarino and Ellen deLara, And Words can Hurt Forever: How to Protect Adolescents from Bullying, Harassment, and Emotional Violence, Free Press, 2002.
5   Daniel Goleman, Emotional Intelligence, Bantam, 1995. (dt.: Emotionale Intelligenz. dtv, 2001.) Alfie Kohn, Beyond Discipline, Association for Supervision & Curriculum Development, 1996.
6   Daniel Goleman, Emotional Intelligence, Bantam, 1995. (dt.: Emotionale Intelligenz. dtv, 2001.)
7   Joseph Chilton Pearce, „Introduction", in Doc Lew Childre, Teaching Children to Love, Planetary Publications, 1996.
8   Doc Lew Childre, Teaching Children to Love, Planetary Publications, 1996. (dt.: Kannst du mit dem Herzen sehen? Mit Kindern die Herzintelligenz entdecken. VAK, 2000.)
9   Janet L. Surrey, „Relationship and Empowerment", Work in Progress, Stone Center Working Papers Series.
10   William Glasser, The Quality School, Harper Perennial, 1992. The Quality School Teacher, Harper Perennial, 1993.
11   Abraham Maslow, Toward a Psychology of Being, Van Nostrad, 1962.
12   William Glasser, 1992, 1993.
13   Virginia Satir, PeopleMaking, Science & Behavior Books, Inc., 1972. (dt.: Selbstwert und Kommunikation. Familientherapie für Berater und zur Selbsthilfe. Pfeiffer bei Klett-Cotta, 2002.)
14   Parker Palmer, The Courage to Teach: Exploring the Inner Landscape of a Teacher's Life, Jossey-Bass Publishers, 1998.
15   Mary Parker Follett, Creative Experience, Longmans Green, 1924. Mary Parker Follett, Dynamic Administration, Harper & Brothers, 1942.
16   Janet L. Surrey, „Relationship and empowerment", Work in Progress, Stone Center Working Papers Series.
17   Marshall B. Rosenberg, Life-Enriching Education, PuddleDancer Press, 2003. (dt.: Erziehung, die das Leben bereichert. Wie Gewaltfreie Kommunikation (GFK) im Schulalltag dazu beiträgt, die Leistungsfähigkeit zu verbessern, Konfliktpotenziale abzubauen und Beziehungen zu fördern. Junfermann, 2004.)
18   Riane Eisler, Tomorrow's Children: A Blueprint for Partnership Education in the 21st Century, Westview Press, 2000.
19   Persönlicher Austausch mit Marianne Gothlin, 2002.
20   Persönlicher Austausch mit Marianne Gothlin, 2002.
21   Alfie Kohn, Beyond Discipline, Association for Supervision & Curriculum Development, 1996.
22   Persönlicher Austausch mit Marianne Gothlin, 2002.
23   Marshall B. Rosenberg, Life-Enriching Education, PuddleDancer Press, 2003. (dt.: Erziehung, die das Leben bereichert. Wie Gewaltfreie Kommunikation (GFK) im Schulalltag dazu beiträgt, die Leistungsfähigkeit zu verbessern, Konfliktpotenziale abzubauen und Beziehungen zu fördern. Junfermann, 2004.)
24   Jiddu Krishnamurti, Education and the Significance of Life, Harper & Row, 1953. (dt.: Vertrauen zum Leben. Ein Beitrag zur Erziehung. Barth, 1954.)
Jiddu Krishnamurti, On Education, Harper & Row, 1974. William Glasser, 1992 & 1993.
Alfie Kohn, 1996.
Carl Rogers, Freedom to Learn, Charles E. Merrill, 1969.
Carl Rogers, On Personal Power, Delacorte, 1977.
John Dewey, Experience and Education, Touchstone Books, 1997.
25   Mariaemma Willis and Victoria Kindle Hodson, Discover Your Child's Learning Style, Prima Publishing, 1999.
26   Alfie Kohn, The Brighter Side of Human Nature, Basic Books, 1990.
27   Red and Kathy Grammer, „See Me Beautiful", in Teaching Peace (Musik CD), RedNote Records, 1986.

Zum Nachschlagen und Nachlesen

1. Empfehlenswerte Websites

Center for Nonviolent Communication

www.cnvc.org

Hier finden Sie Informationen über GFK-Trainings und Projekte weltweit, außerdem Informationen über Bücher, Audios und Videos zur GFK. Hier finden Sie auch Kontaktmöglichkeiten zu regionalen GFK-Gruppen und zu einzelnen Trainern. (Kontaktmöglichkeiten zu deutschsprachigen Trainern finden Sie auch unter www.gewaltfrei.de.)

PuddleDancer Press

www.NonviolentCommunication.com

Hier finden Sie alle Informationen über Originalliteratur zur GFK (die Sie auch online bestellen können) und weiterführende Informationen zum Verlag PuddleDancer Press.

Kindle-Hart Communication

www.k-hcommunication.com

Victoria Kindle Hodson und Sura Hart, die Autorinnen dieses Buches, präsentieren hier ihre Arbeit.

Partnership Education

www.partnershipway.org

Partnership Education stellt Arbeitshilfen bereit, die auf dem Buch Tomorrow's Children von Riane Eisler basieren.

World Core Curriculum

www.unol.org/rms

World Core Curriculum bietet Lernangebote für junge Leute, deren Rahmen vom näheren Umfeld bis zum gesamten Universum reicht.

Educators for Social Responsibility

www.esrnational.org

ESR bietet Unterrichtsmaterialien und Lehrerweiterbildung zu den Themenbereichen soziale Gerechtigkeit und Frieden an.

2. GFK-Bücher und Medien für Lehrerinnen & Erzieher

Cunningham, John. Compassionate Communication and Waldorf Schools. Bestellungen unter: www.empathy-conexus.com.

Herzog, Rita & Smith, Kathy. The Mayor of Jackal Heights, An illustrated story for children of all ages.

Humphrey, H. Holley. Games for Speaking Compassion: Fun Ways to Teach Nonviolent Communication to Kids. Empathy Magic Press, 2004.

Kashtan, Inbal. Von Herzen Eltern sein. Junfermann, 2005.

Marskornick, Marlene. Feeling Detours Board Game. A fun way for players (ages 9+) to practice making distinctions between feelings and „feeling detours". (Vorlagen & Anleitungen [englisch] auf CD-ROM erhältlich. Kontakt: marlenem@fidalgo.net.)

Rosenberg, Marshall B. Erziehung, die das Leben bereichert. Wie Gewaltfreie Kommunikation (GFK) im Schulalltag dazu beiträgt, die Leistungsfähigkeit zu verbessern, Konfliktpotenziale abzubauen und Beziehungen zu fördern. Junfermann, 2004.

Rosenberg, Marshall B. Gewaltfreie Kommunikation. Eine Sprache des Herzens. Überarb. und erweitert. Neuauflage. Junfermann, 2004.

Rosenberg, Marshall B. Kinder einfühlend unterrichten. Junfermann, 2005.

Rosenberg, Marshall B. Kinder einfühlend ins Leben begleiten. Elternschaft im Licht der Gewaltfreien Kommunikation. Junfermann, 2005.

Rosenberg, Marshall B. Nonviolent Communication for Educators (Audio).

3. Weiterführende Literatur

Bucciarelli, Deirdre & Pirtle, Sarah (Eds.). Partnership Education in Action. Center for Partnership Studies, 2001.

Childre, Doc Lew. Kannst du mit dem Herzen sehen? Mit Kindern die Herzintelligenz entdecken. VAK, 2000.

Clark, Edward T. Designing and Implementing an Integrated Curriculum: A Student-Centered Approach. Holistic Education Press, 1997.

Eisler, Riane. Tomorrow's Children: A Blueprint for Partnership Education in the 21st Century. Westview Press, 2000.

Eisler, Riane & Miller, Ron (Eds.). Educating for Cultures of Peace. Heinemann, 2004.

Faber, Adele & Mazlish, Elaine. Nun hör doch mal zu! Elternsprache – Kindersprache. La Leche Liga Schweiz, 1996.

Fritz, Robert. Der Weg des geringsten Widerstandes: Lebensplanung mit NLP. Heyne, 1997.

Gatto, John Taylor. Dumbing Us Down. New Society Publishers, 1992.

Gatto, John Taylor. A Different Kind of Teacher: Solving the Crisis of American Schooling. Berkeley Hills Books, 2001.

Glasser, William. The Quality School. Harper Perennial, 1992.

Glasser, William. The Quality School Teacher. Harper Perennial, 1993.

Glazer, Steven (Ed.). The Heart of Learning: Spirituality in Education. Jeremy P. Tarcher/Putnam, 1999.

Goleman, Daniel. Emotionale Intelligenz. dtv, 2001.

Gordon, Thomas. Lehrer-Schüler-Konferenz: Wie man Konflikte in der Schule löst. Heyne, 1995.

Hart, Sura & Gothlin, Marianne. „Lessons from the Skarpnacks Free School." Encounter: Education for Meaning and Social Justice, Volume 15, Number 3, Autumn 2002.

Hooks, Bell. Teaching to Transgress: Education as the Practice of Freedom. Routledge, 1994.

Kindle Hodson, Victoria & Willis, Mariaemma. Discover Your Child's Learning Style. Prima, 1999.

Koegel, Rob. „Learning to Partner with My Students." Encounter: Education for Meaning and Social Justice, Volume 15, Number 3, Autumn 2002.

Koegel, Rob & Miller, Ron. „The Heart of Holistic Education: A Reconstructed Dialogue Between Ron Miller and Rob Koegel." Encounter: Education for Meaning and Social Justice, Volume 16, Number 1, Summer 2003.

Kohn, Alfie. Mit vereinten Kräften: Warum Kooperation der Konkurrenz überlegen ist. Beltz, 1989.

Kohn, Alfie. The Brighter Side of Human Nature. Basic Books, 1990.

Kohn, Alfie. Punished By Rewards. Houghton Mifflin Company, 1993.

Kohn, Alfie. Beyond Discipline. Association for Supervision and Curriculum Development, 1996.

Kreisberg, Seth. Transforming Power: Domination, Empowerment, and Education. State University of New York Press, 1992.

Krishnamurti, Jiddu. Vertrauen zum Leben: Ein Beitrag zur Erziehung. Barth, 1954.

Krishnamurti, Jiddu. On Education. Harper & Row, 1974.

Lantieri, Linda (Ed.). Schools with Spirit: Nurturing the Inner Lives of Children and Teachers. Bacon Press, 2001.

Lantieri, Linda & Patti, Janet. Waging Peace in Our Schools. Beacon Press, 1996.

Miller, Ron (Ed.). Creating Learning Communities: Models, Resources, and New Ways of Thinking About Teaching and Learning. The Foundation for Educational Renewal, Inc., 2000.

Noddings, Nel. The Challenge to Care in Schools: An Alternative Approach to Education. Teachers College Press, Columbia University, 1993.

Noddings, Nel. Starting at home: Caring and Social Policy. University of California Press, 2002.

Ohanian, Susan. One Size Fits Few. Heinemann, 1999.

Palmer, Parker J. The Courage to Teach: Exploring the Inner Landscape of a Teacher's Life. Jossey-Bass, 1998.

Pearce, Joseph Chilton. Die Biologie der Transzendenz. Eine Blaupause des menschlichen Geistes. Arbor, 2004.

Rogers, Carl R. Der neue Mensch. Klett-Cotta, 1993.

Rosenberg, Marshall B. Gewaltfreie Kommunikation. Eine Sprache des Herzens. Überarb. und erweitert. Neuauflage. Junfermann, 2004.

Rosenberg, Marshall B. Erziehung, die das Leben bereichert. Wie Gewaltfreie Kommunikation (GFK) im Schulalltag dazu beiträgt, die Leistungsfähigkeit zu verbessern, Konfliktpotenziale abzubauen und Beziehungen zu fördern. Junfermann, 2004.

Rosenberg, Marshall B. Kinder einfühlend ins Leben begleiten. Elternschaft im Licht der Gewaltfreien Kommunikation. Junfermann, 2005.

Satir, Virginia. Selbstwert und Kommunikation. Familientherapie für Berater und zur Selbsthilfe. Pfeiffer bei Klett-Cotta, 2002.

Special Issue on Partnership Education and Nonviolent Communication. Encounter: Education for Meaning and Social Justice, Volume 15, Number 3, Autumn 2002.

Wright, Esther. Good Morning Class – I Love you! Teaching from the Heart. Jalmar Press, 1989.

Die Autorinnen

Sura Hart hat 23 Jahre im Bildungswesen gearbeitet und dabei Schüler und Schülerinnen vom Grundschulalter bis zum Ende der Schulzeit in allen Schulstufen sowohl in öffentlichen wie in privaten Schulen unterrichtet. Sie ist zertifizierte Trainerin des Centers for Nonviolent Communication (CNVC) und entwickelt und leitet Seminare in Gewaltfreier Kommunikation für Schüler, Eltern, Lehrerinnen und Menschen, die in der Schulverwaltung tätig sind. Sura ist Koordinatorin des CNVC für alle GFK-Projekte an Schulen der Vereinigten Staaten von Amerika. Sie unterrichtet auch GFK in einem „Friedensarmee"-Projekt in Costa Rica. Telefonisch ist sie unter 001-805-681-0074 erreichbar.

Victoria Kindle Hodson hat einen Abschluss als Bachelor für Erziehung und einen Master-Grad in Psychologie. Sie hat an öffentlichen und privaten Schulen und an Sonderschulen gearbeitet. Seit über 30 Jahren leitet sie Seminare und Trainings für Schülerinnen, Eltern und Lehrer. Sie ist Mitverfasserin des Buches Discover Your Child's Learning Style und ist telefonisch unter 001-805-653-0261 zu erreichen.

Sura und Victoria leben und arbeiten in Süd-Kalifornien. Bereits seit 15 Jahren arbeiten sie zusammen an der Konzeption von Projekten und Seminaren.
Weitere Informationen zum aktuellen Seminarangebot finden Sie unter:
www.K-HCommunication.com.

Informationen über zertifizierte GFK-Trainer/innen im deutschsprachigen Raum

Eine ständig aktualisierte Liste aller zertifizierten GFK-Trainer/innen, Infos über Seminarveranstaltungen und vieles mehr finden Sie (in englischer Sprache) unter:

www.cnvc.org

Der Weg zu den Trainer/innen:
Gehen Sie von der Startseite aus auf den Menü-Punkt „Connect with us": Dann erhalten Sie eine Übersicht über alle Kontinente. Wenn Sie auf „in Europe„ klicken, erhalten Sie eine Übersicht über alle europäischen Länder, in denen es GFK-Kontakte gibt. Von hier aus haben Sie dann Zugang zu einer Liste mit Kontaktadressen in dem gewünschten Land.

Bei vielen Trainerinnen und Trainern finden sich auch Verlinkungen zu deren Website, so dass Sie sich von dort aus sofort über aktuelle Seminarangebote informieren können.

Sie können sich eine Trainer-Liste auch vom Center for Nonviolent Communication zuschicken lassen: 5600 San Francisco Road, Suite A, Albuquerque, NM 87109, USA; eMail: cnvc@cnvc.org.

Informationen über die Gewaltfreie Kommunikation im deutschsprachigen Raum und eine Liste aller zertifizierten GFK-Trainer/innen finden Sie ebenfalls unter **www.gewaltfrei.de**.

Zertifizierte GFK-Trainerinnen und -Trainer im deutschsprachigen Raum

Deutschland

BAD HOMBURG (bei Frankfurt/M.)	**Serena Rust**	Tel.: 06172 41526 eMail: look@serena-rust.de web: www.forum-gewaltfrei-frankfurt.de
BAD OEYNHAUSEN	**Cornelia Timm**	Tel.: 05731 793325 eMail:info@orca-institut.de web: www.orca-institut.de
BAD ÜBERKINGEN	**Angelika Staffhorst**	Tel.: 07331 824801 eMail: angelika@staffhorst.net

BERLIN	**Vivet Alevi**	Tel.: 030 32765188 eMail: info@gewaltfrei-alevi.de web: www.gewaltfrei-alevi.de www.siddetsiz-iletisim.com
	Klaus-Dieter Gens	Tel.: 030 66460527 Fax: 030 66460537 eMail: klaus@gens.de web: www.gewaltfrei.de
	Heike Laschinski	Tel.: 030 3240619 eMail: Heike.Laschinski@gmx.de web: www.gewalt-frei.de
	Christian Peters	Tel.: 030 78954733 Fax: 030 78954734 eMail: peters@teamagentur.com web: www.teamagentur.com
	Ulrike Prasse-Schiefner	Tel.: 030 7952345 eMail: mschiefner@t-online.de web: www.isl-seminare.de
	Gabriele Seils	Tel.: 030 38377676 eMail: gabriele_seils@web.de web: www.gabriele-seils.de
	Adelheid Sieglin	Tel.: 030 78954733 Fax: 030 78954734 eMail:sieglin@teamagentur.com web: www.teamagentur.com
	Simone Thalheim	Tel.: 030 44042055 eMail: simonethalheim@gmx.de
	Monika Wolke	Tel.: 030 86423694 eMail: wolke.mo@web.de
BIELEFELD	**Susanne Kalkowski**	Tel.: 0521 9889049 eMail: shoshan@t-online.de
BREMEN	**Anja Kenzler**	Tel.: 0421 5578899 eMail: anjakenzler@a-k-demie.de web: www.a-k-demie.de
BONN/KÖLN	**Ute Faber**	eMail: faberute@gmx.de web: www.gewaltfrei-bonn.de

DARMSTADT	**Irmtraud Kauschat**	Tel.: 06151 1010275 Fax: 06151 1010274 eMail: irmtraudkauschat@yahoo.de web: www.tcm-praxis-dr-kauschat.de
GÖDENROTH	**Christa Gronow**	Tel.: 06762 1838 eMail: christa.gronow@web.de
GÖTTINGEN	**Gerhard Rothhaupt**	Tel.. 0551 77997 eMail: info@visionenundwege.de web: www.visionenundwege.de
HAMBURG	**Simran K.B. Wester**	Tel.: 040 4604756 eMail: simran.kaur@hamburg.de
HOFHEIM a.T. (bei Frankfurt/M.)	**Beate Brüggemeier**	Tel.: 06192 39369 Fax: 06192 31093 eMail: gfk@fenster-zu-mehr-wissen.de web: www.fenster-zu-mehr-wissen.de
HOLZAPPEL (bei Limburg/Lahn)	**Edith Sauerbier**	Tel.: 06439 929533 eMail: edith.sauerbier@t-online.de web: www.mediation-und-kommunikation.de
KARLSRUHE	**Silvia Richter-Kaupp**	Tel.: 0721 9374810 Fax: 0721 9374811 eMail: silvia@richter-kaupp.de web: www.richter-kaupp.de
	Klaus-Peter Kilmer-Kirsch	Tel.: 05605 800770 Fax: 05605 800740 eMail: klaus-peter@kilmer.de web: www.gewaltfrei-niederkaufungen.de
KASSEL	**Dr. Barbara Köhler**	Tel.: 0561 4009940 eMail: info@achtsame-sprache.de web: www.gewaltfrei-kassel.de
KAUFERING (bei München)	**Marianne & Markus Sikor**	Tel.: 08191 9707460 Fax: 08191 9707461 eMail: info@institut-sikor.de eMail: marianne.sikor@institut-sikor.de web: www.institut-sikor.de

KAUFUNGEN (bei Kassel)	Monika Flörchinger	Tel.: 05605 80070 Fax: 05605 800740 eMail: info@gewaltfrei- niederkaufungen.de web: www.gewaltfrei- niederkaufungen.de
KÖNIGSDORF	**Susanne Kraft, geb. Zanker**	Tel.: 08179 998088 eMail: susanne@ambula.de web: ambula.de
KÖNIGSWINTER/ RHEIN	Monika Oboth	Tel.: 02223 278618 Fax: 02223 278619 eMail: oboth@bmc-germany.de web: bmc-germany.de
LAUFERSWEILER	Christa Buschbaum	Tel.: 06543 4515 eMail: christabuschbaum@gmx.de
	Karla Quint	Tel.: 06543 81 84 60 eMail: Karla.Quint@t-online.de
LORSCH	Nicole Leipert-Knaup	Tel.: 06251 56729 eMail: info@lebendig.com web.: www.lebendig.com
MÖRLENBACH (bei Heidelberg)	Rita Geimer-Schererz	Tel.: 06209 712216 Fax: 06209 712218 eMail: geimer@dialog-forum.com web: www.dialog-forum.com
MÜNCHEN	Frank Gaschler	Tel.: 08131 505856 eMail: frank@giraffentraum.de web: www.giraffentraum.de
	Gundi Gaschler	Tel.: 08131 505856 eMail: gundi@giraffentraum.de web: www.giraffentraum.de
	Esther Angela Gerdts	Tel.: 089 89042313 Fax: 089 89042314 eMail: esthergerdts@aol.com web: www.streitlight.de
	Gudrun Haas	Tel.: 08131 271248 eMail: gudrun_haas@t-online.de web: www.gudrun-haas.de

	Günter Herold	Tel.: 089 82070285 Fax: 089 41870238 eMail: dialog@heroldg.de
	Ingrid Holler	Tel.: 089 6515502 Fax: 089 6515507 eMail: info@lets-train.de web: www.lets-train.de
	Isolde Teschner	Tel.: 089 980649 Fax: 089 980649 eMail: TESCHMUE@aol.com web: www.gewaltfrei-muenchen.de
NEUNKIRCHEN a.Br. (bei Erlangen)	Angela Dietz	Tel.: 09134 906717 eMail: dietz.neunkirchen@ t-online.de web: www.menschlich-erfolgreich.de
NÜRNBERG	Marianne Berkey	Tel.: 0911 4088407 Fax: 0911 4088407 eMail: mb@marianne-berkey.de web: www.marianne-berkey.de
	Gabriele Lindeman	Tel.: 0911 599748 eMail: lindemann@ menschenundziele.de web: www.menschen-und-ziele.de
SAUERLACH (bei München)	Andreas Basu	Tel.: 08104 888641 (bei München) eMail: andreas.basu@gmx.de
STARNBERG (bei München)	Klaus Karstädt	Tel.: 08151 972188 Fax: 08151 972189 eMail: kontakt@k-training.de web: www.k-training.de
STEINHEIM/ WESTFALEN	Sabine & Wolfgang Hager	Tel.: 05233 6088 Fax: 05233 6091 eMail: hager@hws-kunststoffe.de web: www.gewaltfrei- kommunizieren.de
STEYERBERG	Christoph Hatlapa	Tel.: 05764 2385 eMail: christoph.hatlapa@ gewaltfrei-steyerberg.de web: www.gewaltfrei-steyerberg.de

	Katharina Sander	Tel.: 05764 1206 Fax: 05764 2578 eMail: mediation@t-online.de web: www.gewaltfrei-steyerberg.de
	Armin Torbecke	Tel.: 05764 941065 eMail: a.torbecke@jpberlin.de
STUTTGART/ REUTLINGEN	Annette Keimburg	Tel.: 0711 8264108 eMail: Annette@Keimburg.de
	Monika Schäpe	Tel.: 07121 580278 eMail: info@gewaltfrei- reutlingen.de web: www.gewaltfrei-reutlingen.de
	Jos Schick	Tel.: 0711 581285 Fax: 0711 4154977 eMail: info@gewaltfrei-stuttgart.de web: www.gewaltfrei-stuttgart.de
	Doris Schwab	Tel.: 0711 5406619 eMail: DorisSchwab@web.de

Österreich

WIEN	Deborah Bellamy	Tel.: 0043 1 5814751 eMail: deborahb58@yahoo.com web: www.gewaltfrei-debnpia.org web: www.gewaltfrei-austria.org
	Christian Ruether	Tel.: 0043 1 9904887 eMail: chrisruether@chello.at web: www.gfk-training.com

Schweiz

BASEL	Verena Jegher	eMail: verena.jegher@tele2.ch
CHUR	Marianne Känel Möckli	Fax: 0041 81 2507532 eMail: mkm@spin.ch
CRISSIER	Angela Boss	Tel.: 0041 21 6351877
DIETIKON (bei Zürich)	Johanna Sütterlin-Blättler	Tel.: 0041 44 7413447 Fax: 0041 44 7413486 eMail: johanna.suetterlin@gmx.ch web: www.empathicum.ch

EINSIEDELN	**Simone Anliker**	Tel.: 0041 41 555343648 eMail: sb.anliker@swissonline.ch web: www.compassion-voice.ch
GENF	**Laurence Reichler**	eMail: laurence.reichler@ bluewin.ch
KÜSNACHT	**Vera Heim**	Tel.: 044 500 99 00 Fax: 044 500 99 01 (bei Zürich) eMail: vera.heim@tcco.ch web: www.thecoachingcompany.ch
HÜNIBACH	**Martin Rausch**	Tel.: 0041 33 243 55 05 Fax: 0041 62 9238190 eMail: martin.rausch@hrcomm.ch web: www.hrcomm.ch
SOLOTHURN	**Michael Dillo**	Tel.: 0041 32 6215467 eMail: mdillo@swissonline.ch
TANN-DÜRNTEN (bei Zürich)	**Regula Langemann**	Tel.: 0041 55 2409910 Fax: 0041 55 240991 eMail: info@metapuls.ch web: www.metapuls.ch
	Suna Yamaner	Tel.: 0041 55 2409910 Fax: 0041 55 2409917 eMail: info@metapuls.ch web: www.metapuls.ch
ZÜRICH	**Maryam Bien**	Tel.: 0041 44 3819204 eMail: Maryam.bien@bluewin.ch
	Gerlinde Ladera	Tel.: 0041 44 201 26 00 Mobil: 0041 79 216 71 94 eMail: gl@ladera.ch web: www.ladera.ch

Diese laufend aktualisiete Liste der Trainer/innen sowie Informationen über eminar-termine mit Marshall Rosenberg und den anderen Trainer/innen im deutschsprachi-gen Raum und vieles mehr finden Sie unter:

www.gewaltfrei.de

Hier können Sie auch GFK-Bücher und andere Materialien in deutscher und engli-scher Sprache beziehen.

Einige grundlegende Gefühle, die wir alle haben

Gefühle, die auftreten, wenn Bedürfnisse erfüllt sind:

angeregt, bewegt, dankbar, energiegeladen, erfreut, erfüllt, erleichtert, erstaunt, fasziniert, fröhlich, gerührt, hoffnungsvoll, inspiriert, optimistisch, stolz, vertrauensvoll, wohl, zuversichtlich

Gefühle, die auftreten, wenn Bedürfnisse nicht erfüllt sind:

bekümmert, besorgt, einsam, entmutigt, enttäuscht, frustriert, gereizt, hilflos, hoffnungslos, nervös, traurig, unbehaglich, ungeduldig, verärgert, verlegen, verwirrt, widerwillig, wütend

Grundlegende Bedürfnisse, die wir alle teilen

Autonomie
→ Träume / Ziele / Werte wählen
→ Pläne für die Erfüllung der eigenen Träume / Ziele / Werte entwickeln

Feiern
→ die Entstehung des Lebens und die Erfüllung von Träumen feiern
→ Verluste feierlich begehen: von geliebten Menschen, Träumen usw. (trauern)

Integrität
→ Authentizität
→ Kreativität
→ Sinn
→ Selbstwert

Interdependenz/Kontakt mit anderen
→ Akzeptieren
→ Wertschätzung
→ Nähe
→ Geborgenheit
→ Gemeinschaft

→ Rücksichtnahme
→ zur Bereicherung des Lebens beitragen
→ emotionale Sicherheit
→ Empathie
→ Ehrlichkeit (gemeint ist die Ehrlichkeit, die uns die Kraft gibt, aus unseren Schwächen zu lernen)
→ Liebe
→ Geborgenheit
→ Respekt
→ Unterstützung
→ Vertrauen
→ Verständnis
→ Zugehörigkeit

Nähren der physischen Existenz

→ Luft
→ Nahrung
→ Bewegung, Körpertraining
→ Schutz vor lebensbedrohenden Lebensformen: Viren, Bakterien, Insekten, Raubtieren
→ Ruhe
→ Sexualleben
→ Unterkunft
→ Körperkontakt
→ Wasser

Spiel

→ Freude
→ Lachen

Spirituelle Verbundenheit

→ Schönheit
→ Harmonie
→ Inspiration
→ Ordnung (im Sinn von Struktur/Klarheit)
→ Frieden

Über das CNVC und die GFK

5600 San Francisco Road, Suite A,
Albuquerque, NM 87109, USA
eMail: cnvc@cnvc.org • Website: www.cnvc.org

Das **Center for Nonviolent Communication** ist eine weltweite Organisation, deren Vision eine Welt ist, in der die Bedürfnisse aller Menschen auf friedliche Weise erfüllt werden. Wir haben es uns zum Ziel gesetzt, zur Verwirklichung dieser Vision beizutragen, indem wir die Schaffung lebensbereichernder Systeme in uns selbst, im Umgang mit anderen Menschen und innerhalb von Organisationen fördern. Wir tun dies, indem wir den Prozess der Gewaltfreien Kommunikation (*Nonviolent Communication* [NVC]) leben und lehren, der die Fähigkeit von Menschen stärkt, auf mitfühlende Weise Kontakt zu sich selbst und zu anderen Menschen herzustellen, Ressourcen miteinander zu teilen und Konflikte auf friedliche Weise zu lösen.

Das CNVC widmet sich der Förderung eines empathischen Umgangs miteinander, indem unsere gemeinsamen Bedürfnisse nach Autonomie, Feiern, Integrität, Interdependenz, physischem Lebenserhalt, Spiel und spiritueller Verbundenheit wertgeschätzt werden. Wir fühlen uns verpflichtet, auf jeder Ebene unserer Organisation und in allen unseren Interaktionen im Einklang mit dem Prozess zu wirken, den wir lehren, einvernehmlich zu handeln, Konflikte mit Hilfe der GFK zu lösen und unsere Kolleginnen und Kollegen in der GFK auszubilden. Wir arbeiten häufig mit anderen Organisationen zusammen, um gemeinsam eine friedliche und gerechte Welt zu schaffen und deren ökologisches Gleichgewicht zu fördern.

Ziel, Aufgabe, Geschichte und Projekte

Was GFK ist

Die GFK ist ein hochwirksamer Prozess, der Verbundenheit und mitfühlendes Handeln inspiriert. Die GFK liefert einen Rahmen für die Entwicklung von Fähigkeiten, die bei der Lösung menschlicher Probleme von Nutzen sind, angefangen von Problemen, die in engen persönlichen Beziehungen auftreten, bis hin zu weltweiten politischen Konflikten. Die GFK kann sowohl präventiv als auch zur Lösung bestehender Konflikte eingesetzt werden. Mit Hilfe der GFK richten wir unsere Aufmerksamkeit auf die Gefühle und Bedürfnisse, die wir alle haben, statt ein Denken im Sinne entmenschlichender Etikettierungen sowie entsprechende sprachliche Äußerungen zu perpetuieren – die leicht als fordernd und feindselig verstanden werden und zur Gewalt gegenüber uns selbst, anderen und der Welt um uns herum beitragen können. Die GFK ermöglicht Menschen, einen kreativen Dialog zu beginnen, um ihre eigenen, sie völlig zufrieden stellenden Lösungen zu finden.

Wie die GFK entstand

Marshall B. Rosenberg entwickelte den GFK-Prozess im Jahre 1963 und hat ihn seither kontinuierlich verfeinert. Rosenberg lernte Gewalt schon sehr früh kennen und entwickelte das starke Bedürfnis, zu verstehen, was Menschen dazu bringt, gegen ihresgleichen Gewalt anzuwenden. Er begann zu erforschen, welche Art zu reden, zu denken und zu kommunizieren eine friedliche Alternative zur Gewalt sein könnte. Aufgrund seines Interesses promovierte er auf der Graduate School in klinischer Psychologie. Zunächst benutzte Rosenberg die GFK in den 1960er Jahren im Rahmen innovativer Schulprojekte und bei seiner Arbeit in anderen öffentlichen Institutionen. Durch diese Tätigkeit kam Dr. Rosenberg mit Menschen in vielen amerikanischen Städten in Kontakt und sein Training fand bei einer großen Zahl von Interessenten/innen Anklang. Um diesen Bedarf abzudecken und den GFK-Prozess effektiver verbreiten zu können, gründete er im Jahre 1984 das *Center for Nonviolent Communication* (CNVC). Seither hat er mehrere Bücher geschrieben und weitere Trainingsmaterialien entwickelt.

Seit vielen Jahren trägt das *Center for Nonviolent Communication* zu einer umfassenden gesellschaftlichen Transformation des Denkens, Sprechens und Handelns bei, indem es Menschen ermöglicht, auf mitfühlende Weise zueinander in Beziehung zu treten und dementsprechende Resultate zu erzielen. Die GFK wird heute von Dr. Rosenberg und einem Team von über hundert zertifizierten Trainern auf der ganzen Welt gelehrt. Hunderte engagierter freiwilliger Helfer unterstützen die Organisation von Workshops, nehmen an Übungsgruppen teil und koordinieren den Aufbau von Teams. Das Training unterstützt die Konfliktprävention und die Lösung bereits entstandener Konflikte in Schulen, Unternehmen, Gesundheitsinstitutionen, Gefängnissen, Gemeinschaften und Familien. Marshall Rosenberg und seine Partner haben die GFK in kriegsgeplagten Gebieten wie Sierra Leone, Sri Lanka, Ruanda, Burundi, Bosnien und Serbien, Kolumbien und dem Mittleren Osten bekannt gemacht.

Wir sind zurzeit auf der Suche nach Sponsoren für Projekte in Nordamerika, Lateinamerika, Europa, Afrika, Südasien, Brasilien und dem Mittleren Osten. Stiftungsgelder haben es ermöglicht, innovative Lernprojekte zu verwirklichen, Ressourcen für Erzieher zu entwickeln und Projekte zu initiieren, die sich mit den Aufgaben von Eltern, sozialer Veränderung und der Arbeit in Gefängnissen in verschiedenen Regionen der Welt auseinander setzen. Wir arbeiten mit anderen Organisationen zusammen, deren Mission mit der unseren im Einklang steht. Nähere Informationen über diese Projekte sowie über regionale Aktivitäten und andere Ressourcen bezüglich der GFK sind auf der CNVC-Website zu finden. Ihr Beitrag zur Unterstützung dieser Bemühungen ist stets willkommen und wird von uns sehr begrüßt.

Eine Liste zertifizierter CNVC-Trainer und wie man zu ihnen in Kontakt treten kann, ist ebenfalls auf der Website des Zentrums zu finden. Diese Liste wird monatlich aktualisiert. Die Website enthält auch Informationen über vom CNVC organisierte Trainings und Links, die zu den Websites regionaler Mitgliedsorganisationen führen. Das CNVC lädt Sie ein, GFK-Trainings in Ihrem Unternehmen, in Schulen, Kirchen und Gemeinden durchführen zu lassen. Wenn Sie über Trainings in Ihrer Region informiert werden wollen oder wenn Sie gern selbst ein GFK-Training organisieren möchten, können Sie sich auf der Mailing-Liste der CNVC eintragen. Und wenn Sie unsere Bemühungen, eine friedlichere Welt zu schaffen, in anderer Weise unterstützen wollen, dann nehmen Sie bitte ebenfalls Kontakt zum CNVC auf.

Wie Sie den GFK-Prozess anwenden können

Ehrlich ausdrücken, wie *ich* bin, ohne zu beschuldigen oder zu kritisieren.

Empathisch aufnehmen, wie *du* bist, ohne Beschuldigungen oder Kritik zu hören.

Beobachtungen

1. Was ich beobachte (sehe, höre, an was ich mich erinnere, was ich mir vorstelle, frei von meinen Bewertungen), das zu meinem Wohlbefinden beiträgt oder nicht:
„Wenn ich sehe, höre ...“

1. Was du beobachtest (siehst, hörst, an was du dich erinnerst, was du dir vorstellst, frei von deinen Bewertungen), das zu deinem Wohlbefinden beiträgt oder nicht:
„Wenn du siehst / hörst ...“
(Wird beim Anbieten von Empathie manchmal weggelassen.)

Gefühle

2. Wie ich mich fühle (Emotionen oder Empfindungen, statt Gedanken) in Beziehung zu dem, was ich beobachte:
„Ich fühle ...“

2. Wie du dich fühlst (Emotionen oder Empfindungen, statt Gedanken) in Beziehung zu dem, was du beobachtest:
„Du fühlst ...“

Bedürfnisse

3. Was ich brauche oder schätze (statt einer Präferenz oder einer spezifischen Handlung), das meine Gefühle verursacht:
„... weil ich brauche / mir wichtig ist ...“

3. Was du brauchst oder schätzt (statt einer Präferenz oder einer spezifischen Handlung), das deine Gefühle verursacht:
„... weil du brauchst / dir wichtig ist ...“

Klar um etwas bitten, das mein Leben bereichern würde, ohne zu fordern.

Empathisch aufnehmen, was dein Leben bereichern würde, ohne irgendeine Forderung zu hören.

Bitten

4. Die konkreten Handlungen, von denen ich mir wünsche, dass sie in die Tat umgesetzt werden:
„Wärest du bereit, zu ...?“
„Und würdest du bitte ...“

4. Die konkreten Handlungen, von denen du dir wünschst, dass sie geschehen:
„Würdest du gern ...?“
(Wird beim Anbieten von Empathie manchmal weggelassen.)

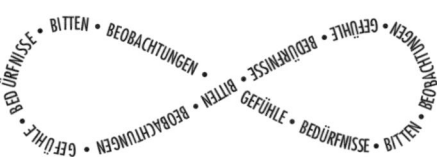

Weitere Informationen über Marshall Rosenberg bzw. das Center for Nonviolent Communication im Internet unter www.cnvc.org.

Register